Elana Amsterdam

Moderne PALEO Küche

DER *NEW YORK TIMES*-BESTSELLER VON ELANA AMSTERDAM

Die Originalausgabe erschien unter dem Titel
Paleo Cooking from Elana's Pantry
ISBN 978-1-60774-551-8

Übersetzung: Birgit Irgang
Gestaltung Cover: Daniela Freitag
Gestaltung, Satz und Herstellung: Martina Köhler
Lektorat: Hildegard Brendel
Druck: Stürtz GmbH, Würzburg

ISBN 978-3-86470-240-2

Bibliografische Information der Deutschen Nationalbibliothek:
Die Deutsche Nationalbibliothek verzeichnet diese Publikation in der Deutschen Nationalbibliografie; detaillierte bibliografische Daten sind im Internet über <http://dnb.d-nb.de> abrufbar.

BÖRSEN MEDIEN
AKTIENGESELLSCHAFT

Postfach 1449 • 95305 Kulmbach
Tel: +49 9221 9051-0 • Fax: +49 9221 9051-4444
E-Mail: buecher@boersenmedien.de
www.books4success.de
www.facebook.com/books4success

INHALT

Danksagungen

Als Erstes möchte ich meinen Lesern für ihre Unterstützung, die Inspiration, die Ermutigung und den Austausch danken.

Ein besonderer Dank gilt meinem Mann: Ich bin dir für deine ehrlichen Reaktionen auf meine Rezepte und für so viele andere Bereiche des Lebens im Allgemeinen wirklich dankbar. Danke für deine moralische Unterstützung bei der Einhaltung all der Termine, die beim Schreiben dieses Buches erforderlich waren. Ich danke auch meinen beiden Söhnen J und E für ihre kritische, aber liebevolle Rückmeldung zu allen Gerichten, die ich zubereite. Ihr seid meine liebsten Testesser.

Viele andere Menschen haben meine Ansichten auf die unterschiedlichsten Arten unterstützt und mir damit geholfen, dieses Buch umzusetzen. Deshalb gilt mein Dank Sara Golski, Dan Becker, Leigh Beisch, Karin Lazarus, Courtney Behnke und meiner wundervollen Freundin Deborah Kinney.

Zu guter Letzt möchte ich mich auch bei Helen McCusker für dreißig Jahre Freundschaft bedanken – und für die Über-Nacht-Lieferung von Rhabarber zu mir nach Boulder, als er hier nicht mehr zu bekommen war.

Einleitung

Seit 2001 ernähre ich mich ohne Getreide, also schon über ein Jahrzehnt lang. Ich lege viel Wert darauf, Lebensmittel zu verwenden, die meiner Gesundheit zuträglich sind. Doch mein oberstes Ziel besteht darin, Menschen durch *gute Nahrungsmittel* zusammenzubringen. Für mich bedeutet das, leckere Mahlzeiten zu kreieren, die jedermann ansprechen – nicht nur Personen, die hinsichtlich ihrer Ernährung eingeschränkt sind.

Meine Freunde sind der Ansicht, dass ich mich bei dem Versuch, ein neues Rezept zu perfektionieren, wie ein Hund mit seinem Knochen verhalte: Ich höre erst auf, wenn mein Rezept wie das klassische Gericht schmeckt, das ich nachzuahmen versuche. Zu diesem Zweck teste ich manche Rezepte bis zu dreißig Mal, bis sie genauso schmecken, wie ich sie mir vorstelle.

Woher kommt dieser Tatendrang? Er ist auf die Liebe zu meinem älteren Sohn zurückzuführen, der heute vierzehn Jahre alt ist und die Diagnose Zöliakie im Alter von zwei Jahren erhielt. Ich möchte, dass er köstliche, verführerische Speisen bekommt. Mit anderen Worten: Ich will, dass er seine Freunde nicht um das beneidet, was sie essen können, sondern dass sie nach seinen Speisen verlangen – und das tun sie. Wenn die Jungen ihre Freunde mit nach Hause bringen, baden sie förmlich in massenweise selbstgemachten Bagels mit gesunden Aufstrichen, eiweißreichen Plätzchen (mit gemahlenen Mandeln gebacken) und gesundem Eis aus Kokosmilch, Hanfsamen und Honig. Übernachtungsgäste plündern gern unseren Kühlschrank für einen Mitternachtsimbiss. Und sie wissen gar nicht, wie gesund diese Köstlichkeiten sind.

Meine kulinarische Reise begann mit einer Ayurveda-Schulung im Jahr 1993. (Ayurveda, das „Wissen vom Leben", ist eine 5.000 Jahre alte Lehre, die aus Indien stammt und sich auf das Gleichgewicht zwischen Körper, Geist und Seele durch Ernährung, Lebensstil und Bewegung konzentriert.) Einige Jahre später, 1998, erwies sich diese als sehr praktisch, da festgestellt wurde, dass ich Zöliakie habe. Zunächst verließ ich mich auf die glutenfreie Ernährung; doch dadurch besserte sich mein Verdauungssystem nur wenig.

Mein Mann machte sich wegen meiner fortgesetzten Verdauungsprobleme Sorgen, suchte nach Lösungen und stieß dabei auf die Spezielle Kohlenhydratdiät (SCD). Diese Ernährungsweise geht auf die brillante Elaine Gottschall zurück, mit der ich mich später durch eine Reihe langer Telefongespräche anfreundete. 2001 begann ich, mich getreidefrei zu ernähren – und tue es bis heute.

Im Jahr 2006, nach mehreren kreativen Jahren in der Küche, rief ich meinen Blog „Elana's Pantry" ins Leben, in dem ich eine Sammlung von mehr als 700 Rezepten ohne Getreide präsentiere.

Inzwischen hat die getreidefreie Ernährung, die meistens als Paleo- oder Steinzeit-Diät bezeichnet wird, die kulinarische Welt im Sturm erobert. Wenn ich heute Signierstunden abhalte, erzählen mir die verschiedensten Menschen von ihrer Vorliebe für die Paleo-Küche; sehr viele wollen sich wie unsere steinzeitlichen Vorfahren ernähren.

Da das Interesse an der Paleo-Ernährung zugenommen hat, habe ich viele ihrer zusätzlichen Prinzipien übernommen – wie beispielsweise den Verzicht auf Hülsenfrüchte und Milchprodukte. Ich meide auch einige Nachtschattengewächse (zum Beispiel Tomaten, Kartoffeln, Paprikaschoten und Auberginen), die Befürwortern der Paleo-Küche zufolge möglicherweise für Personen mit Autoimmunbeschwerden schädlich sein könnten. Da außerdem viele meiner Freunde Nussallergien haben, ist die Anzahl an nussfreien Rezepten in diesem Buch ziemlich groß.

Da Lebensmittelallergien immer weiter zunehmen, verzichte ich gerne auf Allergene und stelle mich der Herausforderung, Lieblingsspeisen dennoch lecker zuzubereiten. Ich hoffe, Ihnen gefallen dieses neue Buch und die Entwicklung, die seit meinem letzten Werk stattgefunden hat.

WARUM PALEO?

Uns Menschen gibt es seit rund 2,5 Millionen Jahren, und die meiste Zeit haben wir als Jäger und Sammler gelebt. Erst in den letzten zehntausend Jahren haben wir mit dem

Aufkommen der Landwirtschaft begonnen, uns auf die moderne Weise zu ernähren, die auf Getreide beruht.

Inzwischen haben wir allerdings erkannt, dass eine Ernährung auf der Grundlage von Getreide für bestimmte Personen schädlich sein kann. Warum? Es ist möglich, dass nicht jeder von uns die genetischen Voraussetzungen hat, Getreide zu verdauen.

Die Paleo-Ernährung wurde erstmals 1985 von Dr. S. Boyd Eaton im „New England Journal of Medicine" in einem Artikel mit dem Titel „Paleolithic Nutrition" vorgestellt. Dr. Loren Cordain führte weitere Untersuchungen durch, verfeinerte das Konzept und machte es mit der Kernaussage bekannt: „Indem wir wieder auf die Nahrungsmittelarten zurückkommen, die zu essen wir programmiert sind, können wir nicht nur Gewicht verlieren, sondern auch unsere Gesundheit und unser Wohlbefinden wiederherstellen." [1] Das ist eine hervorragende Neuigkeit für viele von uns, die an chronischen, nicht behandelbaren Krankheiten leiden wie Multipler Sklerose, Diabetes oder Arthritis.

Ich habe für mich persönlich herausgefunden, dass eine Ernährung, die auf pflanzlichen Lebensmitteln basiert und kleine Mengen mageren tierischen Eiweißes mit einbezieht, mir das Gefühl gibt, weniger mit Entzündungen zu kämpfen und mehr Energie zu haben. Doch für mich umfasst ein gesunder Lebensstil mehr als nur die Ernährung. Leichte sportliche Betätigung und ein guter Schlaf sind ebenfalls Komponenten, die zur Lebensweise unserer Vorfahren gehörten und die wir übernehmen können.

Nachdem ich auf eine getreidefreie Ernährung umgestellt hatte, setzte ich meine Reise zur Heilung fort, indem ich mehr schlief und die Intensität meines Sporttrainings reduzierte. Da ich auf meinen Körper hörte, erkannte ich, dass es genau das war, was ich brauchte. Zu diesem Zeitpunkt war mir nicht klar, dass mein Verhalten einer größeren Gesundheitsbewegung entsprach. Deshalb war ich begeistert, als ich auf die Werke von Loren Cordain („Die Paleo-Ernährung"), Robb Wolf („The Paleo Solution") und Mark Sisson („Gesundheitsgeheimnisse aus der Steinzeit: Das revolutionäre Primal Health-Konzept") stieß, da meine Überzeugungen den ihren weitgehend entsprachen.

1. Cordain, Loren: „Die Paleo-Ernährung". Deutscher Trainer Verlag, 2014

Ich habe so sehr von der Umstellung meiner Ernährung auf Getreidefreiheit profitiert, dass ich beschloss, das vorliegende Buch zu schreiben, um Ihnen auf Ihrem Weg zur Gesundheit zu helfen. Wenn Sie diesen Weg bereits gefunden haben, wird mein Buch Ihnen das Leben etwas leichter – und auch leckerer – gestalten, denn mit den Rezepten können Sie aus unverarbeiteten Lebensmitteln schnell gesunde Speisen zubereiten.

Wie unsere Vorfahren zu essen, ist keine Modeerscheinung. Es ist vielmehr eine wirkungsvolle Lösung für Menschen mit gesundheitlichen Problemen und eine gute Strategie für all jene, die bereit sind, von einer gesünderen Ernährung zu profitieren. Ob Sie eine Autoimmunkrankheit haben oder Hochleistungssportler sind, der die Entzündungsprozesse in seinem Körper eindämmen und die Genesungszeit verkürzen möchte: Die einfachen, gesunden, glutenfreien, getreidefreien und milchfreien Rezepte ohne Hülsenfrüchte und Nachtschattengewächse, die Sie in diesem Buch finden, können Ihnen dabei helfen, Ihre Ziele zu erreichen.

Da heute so viele ultramoderne Nahrungsmittel verfügbar sind, haben wir die Qual der Wahl. Aus diesem Grund möchte ich Sie auffordern, nicht nur diese einfachen, gesunden Rezepte zuzubereiten, sondern auch auf Lebensmittel aus biologischem Anbau zurückzugreifen, wann immer es möglich ist, Produkte aus der Region und wild wachsende Nahrung zu essen sowie genetisch veränderte Waren zu meiden (die übrigens in Europa sehr strengen Regelungen unterliegen).

Ich genieße es, wohltuende, beliebte Speisen zu essen, die aus wunderbar gesunden Zutaten hergestellt worden sind. Die Gerichte auf den folgenden Seiten essen meine Familie und ich Tag für Tag – insbesondere den Gebackenen Brokkoli (Seite 66) und den Avocado-Grünkohl-Salat (Seite 56), den mein jüngerer Sohn gerne für uns zubereitet. Ich denke, Sie werden die Paleo-Ernährung lecker finden, und wenn Sie sich entscheiden, diese Rezepte in Ihren Speiseplan aufzunehmen, gibt es wirklich keinen Grund, warum Sie sich an die „80-20-Regel“ halten sollten, die gelegentlich postuliert wird (in 80 Prozent der Zeit Paleo-Lebensmittel zu sich zu nehmen und sich die restlichen 20 Prozent der Zeit nach der traditionell amerikanischen Ernährung zu richten). Da ich eine Autoimmunkrankheit habe, bin ich der Ansicht, dass es für meinen Körper am besten ist, mich zu

100 Prozent gluten- und getreidefrei zu ernähren, und glaube außerdem, dass die hier vorgestellten Rezepte so lecker sind, dass man sie jeden Tag essen kann.

PRINZIPIEN DER PALEO-ERNÄHRUNG

Viele Menschen haben die Befürchtung, dass eine getreidefreie Ernährung nicht ausreichend Ballaststoffe liefert. Doch wie Sie der nachfolgenden Tabelle entnehmen können, enthalten Obst und Gemüse tatsächlich mehr Ballaststoffe als Getreide.

Anfangs mag es etwas verwirrend sein, welche Lebensmittel im Rahmen der Steinzeiternährung zugelassen sind und welche nicht. Deshalb folgen hier ein paar generelle Richtlinien:

Nährwertvergleich: Getreide versus Obst und Gemüse[2]

Nährwertangaben (100 g)	Ballaststoffe	Kohlenhydrate	Eiweiß
Sonnenblumenkerne (getrocknet)	8,6 g	20,0 g	20,78 g
Avocado (roh)	6,8 g	8,64 g	1,96 g
Brokkoli (gekocht)	3,3 g	7,18 g	2,38 g
Kohl (roh)	2,5 g	5,8 g	1,28 g
Kartoffeln (weiß, gebacken)	2,1 g	21,08 g	2,1 g
Vollkornreis (Langkorn, gekocht)	1,8 g	22,96 g	2,58 g
Geschälter Reis (Langkorn, gekocht)	0,4 g	28,17 g	2,69 g

2. US Department of Agriculture – Agricultural Research Service, National Nutrient Database, http://ndb.nal.usda.gov/ndb/foods/list.

Fleisch. Bevorzugen Sie mageres Fleisch wie Braten von Rind, Schwein und Lamm. Nehmen Sie auch Geflügel wie Hähnchen und Pute sowie Wild in Ihren Speiseplan auf. Vermeiden Sie verarbeitete Fleischprodukte wie Aufschnitt.

Fisch und Meeresfrüchte. Im Rahmen der Paleo-Ernährung sind Fisch und Meeresfrüchte erlaubt. Essen Sie wild lebenden Fisch statt Zuchtfisch, da er mehr gesunde Nährstoffe enthält und nicht mit Pestiziden, Antibiotika und Farbstoffen gefüttert wird. Sie sollten in freier Wildbahn gefangenen Lachs oder kleinere Fische wählen wie Flundern, Seezungen, Seelachs, Kabeljau und Heilbutt. Meiden Sie große Fische wie Schwertfisch und Thunfisch, da diese dazu neigen, Quecksilber und andere Giftstoffe einzulagern.

Gemüse. Grüne Gemüsesorten sind die Superstars der Paleo-Ernährung, da sie reich an Ballaststoffen, Vitaminen, Mineralstoffen und wichtigen Mikronährstoffen sind. Essen Sie so viel Grünkohl, Brokkoli, Mangold, Zucchini, Kürbisse und so weiter, wie Sie mögen. Wurzelgemüse wie Zwiebeln, Karotten, Rote Rüben, Steckrüben und Rettiche sind ebenfalls hervorragende Nahrungsmittel. Dr. Cordain rät vom Verzehr von Kartoffeln ab, und ich halte mich an diese Empfehlung.

Obst. Obst ist eine wunderbare Quelle für Ballaststoffe (welche die Aufnahme der enthaltenen Zucker verlangsamen), Antioxidantien und Phytochemikalien. Verwenden Sie Äpfel, Aprikosen, Avocados, Bananen, alle Arten von Beeren, Feigen, Kiwis, Mangos, Melonen und Zitrusfrüchte wie Zitronen, Limetten und Orangen. Wenn Sie versuchen, Gewicht zu verlieren, sollten Sie die Obstmenge einschränken. Da Trockenfrüchte und Saft einen hohen glykämischen Wert haben, empfiehlt Cordain jedermann, diese Nahrungsmittel nur in sehr geringen Mengen zu sich zu nehmen.

Nüsse und Samen. Nüsse und Samen sind reich an Fetten, Ballaststoffen und guten Eiweißen. Cordain empfiehlt, den Verzehr auf weniger als 115 Gramm pro Tag zu beschränken, wenn Sie abnehmen möchten. Doch aufgrund des hohen Gehalts an

Omega-6-Fettsäuren (die im Übermaß Entzündungen hervorrufen können), empfehle ich, im Rahmen der Paleo-Ernährung nicht mehr als 30 Gramm täglich zu essen – also ungefähr eine Handvoll. Aus diesem Grund wird für viele der in diesem Buch aufgeführten Backrezepte Kokosmehl statt gemahlener Nüsse oder Mandeln verwendet. Ein Hinweis am Rande: Erdnüsse sind im Rahmen der Paleo-Ernährung nicht erlaubt, da es sich dabei um Hülsenfrüchte handelt, nicht um Nüsse.

Fette und Öle. Kokosöl, Palmöl, Kakaobutter und Schmalz sind in der Paleo-Küche zum Kochen und zu anderen Verwendungen zugelassen. Cordain stellt fest, Olivenöl sei ein gutes Öl, wenn auch nicht eins der besten, und sollte zum Kochen seltener benutzt werden als die oben aufgeführten Öle.

Eier. Cordain erklärt, unsere Vorfahren hätten nur zu bestimmten Jahreszeiten Zugang zu Eiern gehabt. Deshalb sei zu empfehlen, den Eierkonsum auf ungefähr sechs Eier pro Woche zu beschränken. Persönlich neige ich dazu, ein wenig mehr Eier zu essen. Ich kaufe Hühnereier, die reich an Omega-3-Fettsäuren sind, da sie aus der Sicht der Nährwerte den Eiern von Hühnern überlegen sind, die Körner erhalten, welche reich an Omega-6-Fettsäuren sind.

Zu meidende Lebensmittel. Die Paleo-Ernährung schließt den Verzehr von Getreide, Milchprodukten und Hülsenfrüchten (also Bohnen, Linsen und Erbsen) aus. Aus diesem Grund sind die hier präsentierten Rezepte getreidefrei, glutenfrei, milchfrei und hülsenfruchtfrei. Außerdem sind in der Paleo-Küche verarbeitete Lebensmittel wie Limonaden oder Bonbons nicht erlaubt.

Ausnahmen. Wie viele andere Autoren von Paleo-Kochbüchern mache ich bei einigen ausgewählten Lebensmitteln eine Ausnahme, indem ich kleine Mengen von Salz und modernen Gewürzen (wie Öl, Essig und Senf) ebenso verwende wie die Zutaten zur Herstellung süßer Leckereien (Backpulver, Vanilleextrakt, Honig, Stevia und Schokolade). Wenn Sie versuchen, sich ganz genau wie ein Steinzeitmensch zu ernähren, sollten

Sie diese Lebensmittel nicht nutzen. Und nicht auf einem Herd kochen. Und nicht … nun ja, Sie wissen schon, was ich meine. Für mich geht es bei der Paleo-Ernährung um gesundes Essen ohne das Gefühl der Entbehrung. Wie immer gilt auch hier: Passen Sie das Konzept an Ihre Bedürfnisse an und finden Sie heraus, was Ihnen am besten bekommt.

DIE VERWENDUNG DIESES BUCHES

Bei vielen meiner Rezepte habe ich angegeben, wie süß sie sind. Das soll Ihnen bei der Entscheidung helfen, welches Gericht Sie zubereiten möchten, wenn Ihnen der Sinn nach einer kleinen Leckerei oder eher nach einem dekadenten Nachtisch steht. Rezepte, die keine bemerkenswerte Menge eines Süßungsmittels enthalten, kommen ohne eine solche Angabe aus.

Zahlreiche Rezepte dieses Buches sind frei von Allergenen. Die folgenden Symbole zeigen an, welche Rezepte im Rahmen einer nussfreien oder veganen Ernährung geeignet sind.

Ohne Nüsse: Vegan:

Die Paleo-Speisekammer

Die Rezepte in diesem Buch werden aus echten Lebensmitteln hergestellt, also aus dem, was im Garten wächst, in freier Wildbahn gejagt oder im Fluss geangelt werden kann. Die Zubereitung ist einfach, denn: So gerne ich auch koche – ich habe doch auch allerlei anderes zu tun, was außerhalb der Küche stattfindet.

Bevor Sie die Rezepte dieses Buches ausprobieren, sollten Sie ein paar Dinge wissen. Erstens: Verwenden Sie stets genau die hier angegebenen Zutaten (siehe auch die nachfolgende Auflistung von Zutaten). Zweitens: Beachten Sie, dass viele der verwendeten Zutaten noch nicht lang auf dem Markt sind und von Marke zu Marke variieren können – kaufen Sie also bitte die Produkte der angegebenen Marken.

Zu guter Letzt, um es mit den Worten der großen Ina Garten zu sagen: „Befolgen Sie die Anweisungen exakt, wenn Sie das Rezept zum ersten Mal ausprobieren. Später können Sie es stets nach Ihrem persönlichen Geschmack abwandeln." Das ist umso wichtiger, wenn es um die Verwendung neuer Zutaten geht, die Sie noch nicht so gut kennen. Richten Sie sich also haargenau nach den Vorgaben – beim zweiten oder dritten Mal können Sie dann gerne experimentieren.

Nachfolgend sind einige der Zutaten und Küchengeräte aufgeführt, die ich in diesem Buch nutze.

GEMAHLENE MANDELN

Ich habe ein ganzes Buch über Mandelmehl geschrieben, und es ist eine meiner Lieblingszutaten. Mandelmehl besteht aus blanchierten, sehr fein gemahlenen Mandeln, hat einen intensiven Geschmack, ist leicht zu verwenden und sehr gesund. Ich empfehle für diese Rezepte insbesondere das Mandelmehl von Honigville, das ich selbst auch verwende. Sie können es aber auch durch andere gemahlene Mandeln ersetzen.

PFEILWURZELMEHL

Ich verwende Pfeilwurzelmehl beim Andicken von Sirups und Soßen als Ersatz für Maisstärke, da viele Menschen (mich eingeschlossen) Mais und daraus hergestellte Produkte nicht vertragen.

CHIASAMEN

Chiasamen sind sehr nährstoffreich und eine der wenigen vegetarischen Quellen für Omega-3-Fettsäuren. Ich verwende gemahlene Chiasamen für den Warmen Frühstücksbrei (Seite 36). Weitere Rezepte mit Chiasamen finden Sie in meinen Blog „Elana's Pantry".

SCHOKOLADE

Ich verwende die Zartbitter-Schokoladenstückchen von Dagboa, die 73 Prozent Kakao enthalten. Darüber hinaus habe ich mit einer tollen, brandneuen Marke namens Kallari experimentiert, die ebenfalls hervorragende Ergebnisse ermöglichte.

KOKOSCREME-KONZENTRAT

Kokoscreme-Konzentrat entdeckte ich vor ein paar Jahren, und vor kurzem habe ich damit begonnen, es in zahlreichen meiner Rezepte einzusetzen. Dabei handelt es sich einfach um Kokosfleisch in konzentrierter Form.

KOKOSMEHL

Kokosmehl wird aus fein gemahlener, getrockneter und entfetteter Kokosnuss hergestellt. Es ist reich an Ballaststoffen und enthält wenige Kohlenhydrate.

Kokosmehl eignet sich hervorragend zum Backen und liefert leichte, lockere Muffins und Kuchen. Besonders erstaunlich ist, dass eine kleine Menge sehr lange reicht. Bei Rezepten, in denen Kokosmehl verwendet wird, werden verhältnismäßig sehr viele flüssige Zutaten gebraucht – viel mehr als beim gewöhnlichen Backen mit anderem Mehl. Das liegt daran, dass Kokosmehl extrem viel Flüssigkeit aufsaugt. Alles, was ich über Kokosmehl weiß, verdanke ich Bruce Fifes fantastischem Buch „Cooking with Coconut Flour".

KOKOSMILCH

Es ist nicht einfach, ein Kochbuch zu schreiben, das Hauptgerichte ebenso abdeckt wie Soßen und Desserts, aber ohne Milchprodukte auskommt. Die leckere Kokosmilch macht es möglich!

Für Rezepte wie Kokosschlagsahne (Seite 104) und Basilikumcremesoße (Seite 96) verwende ich das Fett, das sich in einer Dose Kokosmilch absetzt. Es gibt einen Trick (den ich Marla verdanke, die unter „Family Fresh Cooking" einen Blog über gesunde Ernährung schreibt), wie man das Fett leicht aus der Dose holen kann: Zuerst wird die Dose Kokosmilch über Nacht in den Kühlschrank gestellt. Nehmen Sie dann die Dose heraus und stellen Sie sie kopfüber auf die Arbeitsplatte. Entfernen Sie den Boden der Dose und gießen Sie die Flüssigkeit ab, die Sie für Smoothies oder für andere Rezepte aufheben können. Auf diese Weise bleibt das Kokosfett übrig. Achten Sie darauf, für alle Rezepte in diesem Buch normale Kokosmilch zu kaufen, keine fettreduzierte Version, da die Speisen sonst nicht gelingen.

KOKOSÖL

Ich empfehle die Verwendung von unraffiniertem Kokosöl in vielen meiner Rezepte. Bewahren Sie es bei Zimmertemperatur auf und schmelzen sie es vor der Nutzung auf sehr kleiner Flamme. Ich verwende Kokosöl zum kurzen Anbraten von Gemüse, als Backzutat und in Smoothies.

Einst war Kokosöl verpönt, doch heute steigt es wieder in der Gunst – insbesondere unter Befürwortern traditioneller Behandlungsmethoden. Homöopathen setzen auf die positive Wirkung des HDL-Cholesterins und der Triglyceride sowie auf die möglicherweise neuroprotektiven Eigenschaften. Und ich mag einfach den Geschmack des Kokosöls.

KOKOSZUCKER

Ich verwende hellen Kokoszucker von Sweet Tree für Rezepte wie beispielsweise den Heidelbeerkuchen (Seite 32) und Bananenbrot (Seite 50). Kokoszucker hat einen tollen Karamellgeschmack, der ein wenig an braunen Zucker erinnert. Dieses Süßungsmittel hat einen niedrigen glykämischen Wert. Doch angesichts der Tatsache, dass alle Süßungsmittel, von Honig bis zum Fruchtsaftkonzentrat, am besten nur in geringen Mengen verzehrt werden sollten, verwende ich ihn – ebenso wie alle anderen Süßungsmittel in diesem Buch – sparsam: Er ist den besonderen, gelegentlichen Leckereien vorbehalten.

PROTEINPULVER AUS HÜHNEREIWEISS

Vor einigen Jahren lernte ich durch meine liebe Freundin Betsy das Frank Zane Proteinpulver kennen. Es ist gesund und lecker, enthält reines Eiweiß und Stevia. Diese Zutat verwende ich in Smoothies, und ich habe auch ausprobiert, es in die Rezepte für verschiedene Eiweißriegel aufzunehmen, die ich für meinen Blog entwickelt habe.

GEMAHLENE LEINSAMEN

Ganze Leinsamen können Sie mahlen. Diese Zutat sollten Sie dann möglichst im Kühlschrank aufbewahren, da sie viele wertvolle Öle und Bestandteile enthält, die recht schnell ranzig werden können. Ich verwende braune oder gelbe Leinsamen, je nach gewünschtem Ergebnis. In meinem Bagel-Rezept (Seite 27) kommen gemahlene gelbe Leinsamen zum Einsatz, da sie das Gebäck leicht und luftig machen. Für mein Rezept

Nussfreie Körnermuffins (Seite 29) verwende ich gemahlene braune Leinsamen, weil sie herzhafter schmecken und eine kräftigere, dunklere Farbe haben.

HANF

Ich verwende Hanfsamen in meinem Rezept Nussfreie Cracker (Seite 52) und in vielen meiner Eiscremes. Die Idee zur Nutzung von Hanfsamen in Eis stammt von meiner Freundin Kelly Brozyna und ihrer Internetseite „Spunky Coconut". Sie hat ein Buch mit dem Titel „The Spunky Coconut Dairy-Free Ice Cream" über milchfreie Eiscreme geschrieben.

HONIG

Ich verwende den Wildblütenhonig von Madhava, den ich im Glas kaufe. Wegen der endokrinen Disruptoren, die im Kunststoff enthalten sein können, und aufgrund des manchmal merkwürdigen Geschmacks mag ich Lebensmittel in Plastikgefäßen nicht.

SENF

Senf verleiht Dressings, Geflügel und Fisch ein wunderbares Aroma. Achten Sie darauf, einen Dijon-Senf zu kaufen, da dieser Hersteller keinen Zucker zusetzt. Ich empfehle True Natural Taste Certified Organic Stone Ground Dijon Mustard, den ich im örtlichen Naturkostladen bekomme.

NUSS- UND SAMENBUTTER

Ich verwende in meinen Rezepten eine große Vielfalt an unterschiedlichen Mus- und Buttersorten aus Nüssen und Samen wie zum Beispiel Mandelmus, Macadamiabutter und Sonnenblumenkernbutter. Sie sind reich an Eiweiß, enthalten viele Nährstoffe und verleihen Soßen, Eis und Ähnlichem einen köstlichen Geschmack sowie eine gute Konsistenz. Die meisten Hobbyköche kennen Mandelmus und Macadamiabutter, doch Sonnenblumenkernbutter ist eine nussfreie Alternative und ein wunderbarer Ersatz für Erdnussbutter und andere Mus- und Buttersorten.

OLIVENÖL

Ich verwende qualitativ hochwertiges natives Olivenöl für Salatdressings und die meisten anderen Kochprojekte. Achten Sie darauf, ein sehr mild schmeckendes Olivenöl zu verwenden, wenn Sie die Paleo-Mayonnaise (Seite 98) herstellen.

SALZ

Wählen Sie für meine Rezepte das sogenannte „Sel gris“ (graues Meersalz), da es ein bisschen weniger salzig schmeckt als andere Salzarten. Ich selbst verwende fein gemahlenes Salz, damit sich keine Salzklümpchen bilden.

SESAMÖL

Ich liebe den Geschmack des Sesamöls, das vielen meiner Hauptspeisen und Gemüsegerichten ein asiatisches Aroma verleiht. Verwenden Sie *geröstetes* Sesamöl der Marke Eden Select, wenn Sie die besten Ergebnisse erzielen möchten. Im Gegensatz zum rohen Sesamöl hat die geröstete Variante einen köstlich nussigen Geschmack.

BACKFETT

Ich verwende rein pflanzliches Backfett von Spectrum – ein Fett, das aus Bio-Palmöl hergestellt ist – für einfach alles, von den Paleo-Pfannkuchen (Seite 41) bis zum Heidelbeerkuchen (Seite 32). Für viele meiner Rezepte nutze ich gern Kokosöl, doch Backfett wähle ich, wenn ich mir einen traditionelleren und neutraleren Geschmack wünsche.

GEWÜRZE VON SPICE HUNTER

Gewürzmischungen von Spice Hunter sind glutenfrei und bestehen aus frischen Kräutern. Sie sind eine bequeme und schnelle Alternative, wenn Sie einem Gericht viel Aroma verleihen möchten, und ersparen Ihnen den Einkauf einer Vielzahl von einzelnen Kräutern. Ich verwende beispielsweise das Greek Seasoning für die Griechischen Putenfrikadellen (Seite 87). Meine Spice-Hunter-Gewürzmischungen kaufe ich im Internet. Es gibt eine unglaublich große Auswahl an qualitativ hochwertigen Mischungen.

STEVIA

Stevia ist ein wunderbares, pflanzliches Süßungsmittel, das aus der gleichnamigen Pflanze gewonnen wird. Ich nutze Stevia in flüssiger Form, da dieses Produkt weniger Zusatzstoffe enthält als Stevia in Pulverform. Entscheidend ist, dass Sie eine Marke wählen, bei der das Süßungsmittel keinen starken Nachgeschmack hat.
Ich verwende die flüssige Stevia der Marke SweetLeaf, entweder naturbelassen oder mit der Geschmacksrichtung Vanille.

UME-ESSIG

Ume-Essig lernte ich während meiner Ayurveda-Ausbildung kennen. Dieser Essig wird aus Ume hergestellt, auch Japanische Pflaume genannt. Er hat einen herrlich herben Geschmack und verleiht herzhaften Gerichten ein unglaubliches Aroma. Verwenden Sie die Marke Eden Select.

VANILLEEXTRAKT

Bitte sparen Sie nicht an Vanille! Die Verwendung eines hochwertigen Vanilleextrakts wird sich als deutlicher Unterschied bemerkbar machen. Ich verwende für meine Rezepte den glutenfreien Bio-Vanilleextrakt der Firma Flavorganics.

KÜCHENMASCHINE

Meine Küchenmaschine nutze ich fast täglich für die verschiedensten Koch- und Backrezepte – von Burgern bis hin zu Kuchen. Sie ist eines meiner liebsten Küchengeräte.

LEISTUNGSSTARKER MIXER

Der Vitamix ist das Gerät, das in meiner Küche am häufigsten im Einsatz ist.
Ich verwende den Mixer für Eis, Soßen, Smoothies und Mixgetränke.

KASTENFORM

Nachdem ich meine Brotrezepte in Backformen vieler unterschiedlicher Größen und Arten ausprobiert habe, bin ich zu der Überzeugung gelangt, dass die 19 mal 9 Zentimeter große Kastenform von Magic Line perfekt geeignet ist. Bei meinen Tests waren die Standard-Kastenformen zu groß, und das Brot war nicht richtig durchgebacken, doch mit dieser Backform funktioniert alles bestens. Verwenden Sie die Magic Line-Kastenform für die Rezepte Paleo-Brot (Seite 44), Nussfreies Brot (Seite 46), „Roggen"-Brot (Seite 47) und Bananenbrot (Seite 50).

Frühstück

Bagels

ERGIBT 6 BAGELS

Ich hatte über ein Jahrzehnt keine Bagels gegessen, als Jenni Hulet, die Verfasserin des Blogs „The Urban Poser", einen Kommentar auf meiner Internetseite hinterließ, in dem sie mir mitteilte, dass sie getreidefreie Bagels gebacken habe. Ich serviere diese Bagels getoastet, mit Räucherlachs und Rührei belegt.

1½ Tassen blanchierte gemahlene Mandeln
¼ Tasse gelbe gemahlene Leinsamen
1 EL Kokosmehl
1 TL Backnatron
¼ TL Meersalz
5 große Eier
2 EL Apfelessig
1 EL Mohnsamen (optional)

Den Backofen auf 180 °C vorheizen.
Einen Donutmaker mit Kokosöl einpinseln und mit Kokosmehl bestäuben.
In einer Küchenmaschine gemahlene Mandeln, gemahlene Leinsamen, Kokosmehl, Backnatron und Salz verrühren.
Eier und Essig hinzufügen und alles gut miteinander verrühren.
Den Teig in einen verschließbaren Frischhaltebeutel füllen, eine Ecke abschneiden und den Teig in den vorbereiteten Donutmaker spritzen. Die Bagels mit Mohnsamen bestreuen.
20 bis 25 Minuten backen, bis an einem Messer, das man in die Mitte des Bagels steckt, kein Teig mehr kleben bleibt.
Die Bagels im Gerät 1 Stunde auskühlen lassen, dann servieren.
Zur Aufbewahrung über Nacht bei Zimmertemperatur stehen lassen, dann in einem luftdicht verschlossenen Behälter in den Kühlschrank stellen.

Aprikosenmuffins

ERGIBT 8 MUFFINS | SÜSSEGRAD: MITTEL |

Diese Aprikosenmuffins schmecken einfach wunderbar und eignen sich perfekt für den Start in den Tag – insbesondere in Kombination mit einer Tasse Löwenzahnwurzelkaffee (Seite 133). Und mit ein wenig Frosting serviert dienen sie als herrlich gesundes Dessert.

½ Tasse getrocknete Aprikosen
¼ Tasse Kokosmehl
¼ TL Backnatron
¼ TL Meersalz
4 große Eier
½ Tasse Kokosöl, auf sehr niedriger Stufe geschmolzen
⅛ TL Vanillestevia

Den Backofen auf 180 °C vorheizen.

Die Mulden eines Achter-Muffinblechs mit Muffinförmchen aus Papier bestücken.

In einer Küchenmaschine die Aprikosen 1 bis 2 Minuten zerkleinern, bis sie ganz fein gehackt sind. Kokosmehl, Backnatron und Salz unterrühren, dann Eier, Kokosöl und Stevia hinzufügen und verrühren, bis eine einheitliche Masse entstanden ist. ¼ Tasse des Teigs in jedes Muffinförmchen füllen.

15 bis 25 Minuten backen, bis an einem Zahnstocher, den man in die Mitte eines Muffins steckt, nur noch wenige feuchte Krümel kleben bleiben. Die Muffins in der Form 1 Stunde auskühlen lassen, dann servieren.

Nussfreie Körnermuffins

ERGIBT 8 MUFFINS | SÜSSEGRAD: GERING |

Ich liebe den gesunden Geschmack eines sättigenden Körnermuffins. Nehmen Sie ein paar davon auf einen morgendlichen Spaziergang mit oder servieren Sie die Muffins bei einem Brunch zu Rühreiern.

½ Tasse braune gemahlene Leinsamen
¼ Tasse Kürbiskerne
1 EL Kokosmehl
¼ TL Backnatron
¼ TL Meersalz
½ Tasse Medjool-Datteln, entsteint
3 große Eier
2 EL Kokosöl, auf sehr niedriger Stufe geschmolzen
½ Tasse Rosinen
¼ Tasse Sesam
¼ Tasse Sonnenblumenkerne

Den Backofen auf 180 °C vorheizen.

Die Mulden eines Achter-Muffinblechs mit Muffinförmchen aus Papier bestücken.

In einer Küchenmaschine gemahlene Leinsamen, Kürbiskerne, Kokosmehl, Backnatron und Salz mixen, bis die Mischung eine sandige Konsistenz hat. Die Datteln hinzufügen und weitere 60 Sekunden mixen, sodass die Datteln fein gehackt sind. Eier und Kokosöl hinzufügen und verrühren, bis eine einheitliche Masse entstanden ist. Die Schneide aus der Küchenmaschine entfernen, Rosinen, Sesam und Sonnenblumenkerne unterrühren. ¼ Tasse des Teigs in jedes Muffinförmchen füllen.

20 bis 25 Minuten backen, bis an einem Zahnstocher, den man in die Mitte eines Muffins steckt, nur noch wenige feuchte Krümel kleben bleiben. Die Muffins in der Form 1 Stunde auskühlen lassen, dann servieren.

Crêpes

ERGIBT 6 CRÊPES |

Einfache Crêpes werden zu einem dekadenten, gesunden Frühstück, wenn sie mit der selbst gemachten Kirsch-Heidelbeer-Soße (Seite 103) gefüllt und mit Kokosschlagsahne (Seite 104) serviert werden. Der Teig wirkt etwas dünn, doch keine Sorge: Während des Bratens dickt er deutlich ein.

2 EL Kokosmehl
4 große Eier
1 EL Kokosöl, auf sehr niedriger Stufe geschmolzen
½ Tasse Wasser
2 EL Kokosöl

In einer Küchenmaschine Kokosmehl und Eier verrühren. Kokosöl und Wasser hinzufügen und weiter verrühren, bis eine einheitliche Masse entstanden ist.

1 Teelöffel des Kokosöls in einer Pfanne mit 20 Zentimetern Durchmesser auf mittlerer Stufe erhitzen. ¼ Tasse des Teigs in die Pfanne gießen, dabei die Pfanne schwenken, damit sich der Teig bis an die Ränder verteilt. Braten, bis an der Oberfläche der Crêpe kleine Bläschen entstehen und platzen. Dann die Crêpe wenden und die andere Seite braten, insgesamt 4 bis 5 Minuten. Die fertige Crêpe auf einen Teller gleiten lassen.

Mit dem restlichen Öl und Teig auf dieselbe Weise verfahren. Dann servieren.

Heidelbeerkuchen

ERGIBT 8 PORTIONEN | SÜSSEGRAD: MITTEL

Ein Stück dieses Heidelbeerkuchens, der hübsche, blaue Farbtupfer aufzuweisen hat, wird Ihre Gäste bei einem Brunch beeindrucken. Er eignet sich auch hervorragend als Nachtisch.

FÜR DEN TEIG

2 Tassen blanchierte gemahlene Mandeln
¼ TL Backnatron
¼ TL Meersalz
4 große Eier
¼ Tasse Kokosfett
¼ Tasse Kokoszucker
1 EL Vanilleextrakt
½ Tasse gefrorene Heidelbeeren

FÜR DEN BELAG

¼ Tasse Kokosfett
¼ Tasse Kokoszucker
½ Tasse blanchierte gemahlene Mandeln
1 EL Zimtpulver

Den Backofen auf 180 °C vorheizen. Eine Springform mit einem Durchmesser von 20 Zentimetern mit Kokosfett einfetten und mit gemahlenen Mandeln bestäuben.

Für den Teig gemahlene Mandeln, Backnatron und Salz in einer großen Schüssel verrühren. In einer mittelgroßen Schüssel Eier, Kokosfett, Kokoszucker und Vanilleextrakt verquirlen. Die flüssigen Zutaten unter die Mandelmischung rühren, bis eine einheitliche Masse entstanden ist. Dann die Heidelbeeren unterheben. Den Teig in die vorbereitete Backform füllen.

Für den Belag Kokosfett und Kokoszucker in einer mittelgroßen Schüssel verrühren, bis eine cremige Masse entstanden ist. Gemahlene Mandeln und Zimt unterrühren. Dann den Belag auf dem Teig verteilen.

30 bis 40 Minuten backen, bis an einem Zahnstocher, den man in die Mitte des Kuchens steckt, nur noch wenige feuchte Krümel kleben bleiben. Den Kuchen 1 Stunde in der Form auskühlen lassen, dann servieren.

Armer Ritter mit Zimt

ERGIBT 8 SCHREIBEN | SÜSSEGRAD: GERING

Armer Ritter mit Erdbeer-Apfelmus (Seite 106) und Zimt gefällig? Bitte sehr!

4 große Eier
¼ Tasse Kokosmilch
1 EL Honig
1 EL Vanilleextrakt
1 TL Zimtpulver
¼ TL Meersalz
8 (1,25 Zentimeter dicke) Scheiben Paleo-Brot (Seite 44)
2 EL Kokosöl

In einer mittelgroßen Schüssel Eier, Kokosmilch, Honig, Vanilleextrakt, Zimt und Salz verquirlen, bis eine einheitliche Masse entstanden ist. Die Mischung in eine Backform füllen (33 mal 23 Zentimeter) und die Brotscheiben darauf verteilen. Das Brot 5 Minuten in der Eimischung einweichen, dann die Scheiben wenden und weitere 5 Minuten einweichen.

In einer großen Pfanne auf mittlerer Stufe 1 Esslöffel des Kokosöls erhitzen. 4 Brotscheiben in die Pfanne legen und 3 bis 5 Minuten pro Seite anbraten, bis sie von beiden Seiten schön braun sind; dabei einmal wenden. Die fertigen Scheiben auf einen Teller legen.

Mit dem restlichen Öl und Brot auf dieselbe Weise verfahren. Dann servieren.

Cranberry-Apfel-Energieriegel

ERGIBT 12 RIEGEL | SÜSSEGRAD: MITTEL

Mein jüngerer Sohn macht sich nichts aus Schokolade. Als er mich dann nach einem Energieriegel mit Äpfeln fragte, konnte ich nicht widerstehen. Nehmen Sie einen solchen Riegel als Mittagessen mit oder genießen Sie ihn an einem Morgen mit Zeitnot als praktisches Frühstück für unterwegs.

¼ Tassen Walnüsse, leicht geröstet
1 Tasse ungesüßte, getrocknete Äpfel
½ Tasse getrocknete, mit Fruchtsaft gesüßte Cranberrys
¼ Tasse Proteinpulver aus Hühnereiweiß
3 EL Wasser

In einer Küchenmaschine die Walnüsse grob hacken. Äpfel, Cranberrys, Proteinpulver und Wasser hinzufügen und mixen, bis eine einheitliche Masse entstanden ist.

Die Mischung in eine quadratische Backform mit 20 Zentimetern Seitenlänge füllen, fest andrücken und mindestens 1 Stunde in den Kühlschrank stellen.

In 12 Quadrate schneiden und servieren.

In einem verschlossenen Behältnis im Kühlschrank aufbewahren.

Warmer Frühstücksbrei

ERGIBT 2 PORTIONEN |

Als Kind aß ich zum Frühstück besonders gern Fertiggriesbrei mit Geschmack, denn es gibt nichts Besseres, als mit warmem Frühstücksbrei in den Tag zu starten. Jetzt habe ich diese tolle Paleo-Version entwickelt. Unter der Woche wähle ich die schlichte Variante, doch an Wochenenden werte ich meinen Brei mit Mandelmilch (Seite 139), Rosinen, Bratapfel oder Kokosraspeln auf.

1/3 Tasse Walnüsse
¼ Tasse ungesüßte Kokosraspeln
¼ Tasse gelbe gemahlene Leinsamen
1 EL gemahlene Chiasamen
1 EL Zimtpulver
¼ TL Meersalz
2 Tassen kochendes Wasser

In einem leistungsstarken Mixer Walnüsse, Kokosraspeln, gemahlene Leinsamen und Chiasamen fein mahlen. Zimt und Salz hinzufügen und verrühren, sodass eine einheitliche Masse entstanden ist. Das kochende Wasser in den Mixer füllen, dann abdecken. Vorsichtig mixen: auf niedrigster Stufe beginnen, dann langsam steigern, bis eine einheitliche Mischung entsteht. Die Masse in einen Topf füllen und auf niedriger Stufe 10 Minuten kochen, dabei gelegentlich umrühren. (Durch das Kochen werden die Samen leichter verdaulich.) Den Brei auf zwei Schalen aufteilen und servieren.

Gewürzknuspermüsli

ERGIBT 8 PORTIONEN | SÜSSEGRAD: MITTEL |

Ein knuspriges Müsli mit zahlreichen Gewürzen, die reich an Antioxidantien sind, eignet sich ideal zum Frühstück, zum Beispiel in Kombination mit Mandelmilch (Seite 139). Wenn Sie bei Ihrem Backofen keine so niedrige Temperatur wie 60 °C einstellen können, wählen Sie 120 °C und backen das Müsli 90 Minuten, bis es goldbraun ist; dann lassen Sie es 1 Stunde abkühlen und trocknen, bevor Sie es essen. Falls Sie das Glück haben, einen Dörrautomaten zu besitzen, können Sie auch damit experimentieren und das Müsli darin zubereiten.

1,9 l plus ½ Tasse Wasser
2 Tassen Walnüsse
1 Tasse Macadamianüsse
1 Tasse Kürbiskerne
1 Tasse Rosinen
1 EL Zimtpulver
½ TL Ingwerpulver
¼ TL gemahlener Kardamom
¼ TL Meersalz

In einer großen Schüssel 1,9 l des Wassers, Walnüsse, Macadamianüsse und Kürbiskerne verrühren und über Nacht einweichen. In einer separaten Schüssel die Rosinen mit der restlichen ½ Tasse Wasser über Nacht einweichen.

Den Backofen auf 60 °C vorheizen. Zwei große Backbleche mit Backpapier auslegen.

In einer Küchenmaschine die Rosinen mit ihrem Einweichwasser mixen, bis eine geschmeidige Masse entsteht. Zimt, Ingwer, Kardamom und Salz hinzufügen und weiter verrühren, bis eine einheitliche Masse entstanden ist.

In einem feinmaschigen Sieb die Nussmischung abgießen und abspülen. Das Einweichwasser wegschütten. Die Nussmischung zum Rosinenpüree füllen und verrühren, bis die Mischung die Konsistenz eines Knuspermüslis hat.

Das Müsli auf die vorbereiteten Backbleche verteilen. 24 Stunden backen, dann aus dem Ofen holen und abkühlen lassen. In Stücke brechen und servieren.

In einem Glasgefäß im Kühlschrank hält sich dieses Knuspermüsli bis zu einer Woche.

Frühstücksfrikadellen

ERGIBT 8 FRIKADELLEN |

Ich habe Alton Browns Rezept für klassische Frühstücksfrikadellen abgewandelt, indem ich die Salbeimenge erhöht und den raffinierten Zucker weggelassen habe. Wer Frikadellen mit einem milderen Geschmack bevorzugt, reduziert die Salbeimenge auf einen Esslöffel. Diese Frikadellen passen hervorragend zum Grünen Omelett (Seite 90) und der Salsa Verde (Seite 99).

680 g Bio-Hackfleisch von Schwein oder Pute
2 EL gehackte, frische Salbeiblätter
1 EL gehackter, frischer Rosmarin
1 EL Honig
1½ TL Meersalz
1 TL frisch gemahlener schwarzer Pfeffer
1 EL Olivenöl

In einer großen Schüssel mit den Händen das Hackfleisch mit Salbei, Rosmarin, Honig, Salz und Pfeffer vermengen, bis alles gut durchmischt ist.

Mithilfe einer Messtasse mit 90 Millilitern Fassungsvermögen die Mischung in 8 Frikadellen mit jeweils 5,5 bis 6 Zentimetern Durchmesser aufteilen.

Das Olivenöl in einer großen Pfanne auf niedriger bis mittlerer Stufe erhitzen. Die Frikadellen braten, dabei einmal wenden und leicht zusammendrücken, damit sie flacher werden. Auf jeder Seite 5 bis 8 Minuten braten, bis die Frikadellen goldbraun und knusprig sind. Die fertigen Frikadellen auf einen mit Küchenpapier ausgelegten Teller legen und servieren.

< Frühstücksfrikadellen mit Grünem Omelett (Seite 90) und Salsa Verde (Seite 99)

Piña Colada mit Erdbeeren

ERGIBT 2 PORTIONEN | SÜSSEGRAD: MITTEL |

Was macht Kokosöl in einem Smoothie? Erstens sorgt es für eine gehaltvolle, cremige Konsistenz und zweitens hat es möglicherweise neuroprotektive die Nervenzellen schützende Eigenschaften. Ich versuche, jeden Tag einen Esslöffel Kokosöl zu mir zu nehmen.

¾ Tasse Kokoswasser aus der Flasche
½ Tasse Kokosmilch
1 Tasse gefrorene Ananasstücke
1 Tasse gefrorene Erdbeeren
1 EL Kokosöl, auf Zimmertemperatur
¼ Tasse Proteinpulver aus Hühnereiweiß

In einem leistungsstarken Mixer Kokoswasser, Kokosmilch, Ananas und Erdbeeren pürieren, bis der Smoothie eine geschmeidige Konsistenz hat. Kokosöl und Proteinpulver hinzufügen und verrühren, bis eine einheitliche Masse entstanden ist. Dann servieren.

Paleo-Pfannkuchen

ERGIBT 18 PFANNKUCHEN | SÜSSEGRAD: GERING

Servieren Sie diese luftigen, kleinen Pfannkuchen mit Erdbeer-Apfelmus (Seite 106) als wunderbar aromatisches und gesundes Frühstück.

1 Tasse blanchierte gemahlene Mandeln
¼ Tasse gelbe gemahlene Leinsamen
2 EL Kokosmehl
½ TL Backnatron
¼ TL Meersalz
5 große Eier
¼ Tasse Kokosfett
1 EL Honig
1 EL Apfelessig
2 EL Kokosöl

In einer Küchenmaschine gemahlene Mandeln, gemahlene Leinsamen, Kokosmehl, Backnatron und Salz verrühren. Eier, Kokosfett, Honig und Essig hinzufügen und verrühren, bis eine einheitliche Masse entstanden ist.

2 Teelöffel des Kokosöls in einer großen Pfanne auf mittlerer Stufe erhitzen.

Pro Pfannkuchen 1 gehäuften Esslöffel des Teigs in die Pfanne geben. Braten, bis sich oben auf jedem Pfannkuchen kleine Bläschen bilden. Wenn die Bläschen platzen, die Pfannkuchen wenden und weiter braten, bis sie auf der zweiten Seite goldbraun sind. Die fertigen Pfannkuchen auf einen Teller legen.

Mit dem restlichen Öl und Teig auf dieselbe Weise verfahren. Dann servieren.

Brote und Cracker

Paleo-Brot

ERGIBT 1 LAIB (UNGEFÄHR 12 SCHEIBEN)

Das Paleo-Brot ist ein Kleinod unter den getreidefreien Köstlichkeiten. Es passt sowohl zu herzhaftem als auch zu süßem Belag. Probieren Sie es einmal mit dem Lachssalat (Seite 83) oder mit selbstgemachter Marmelade.

2 Tassen blanchierte gemahlene Mandeln
¼ Tasse gelbe gemahlene Leinsamen
2 EL Kokosmehl
½ TL Backnatron
¼ TL Meersalz
5 große Eier
1 EL Kokosöl,
auf sehr niedriger Stufe geschmolzen
1 EL Honig
1 EL Apfelessig

Den Backofen auf 180 °C vorheizen.
Eine 18 mal 7,5 Zentimeter große Kastenform mit Kokosöl einfetten.
In einer Küchenmaschine gemahlene Mandeln, gemahlene Leinsamen, Kokosmehl, Backnatron und Salz verrühren.
Eier, Kokosöl, Honig und Essig hinzufügen und verrühren, bis eine einheitliche Masse entstanden ist.
Den Teig in die vorbereitete Kastenform füllen und 35 bis 45 Minuten backen, bis an einem Messer, das man in die Mitte des Brotlaibs steckt, kein Teig mehr kleben bleibt. Das Brot in der Backform 1 Stunde auskühlen lassen, dann servieren.

Nussfreies Brot

ERGIBT 1 LAIB (UNGEFÄHR 12 SCHEIBEN) |

Es geht doch nichts über ein kulinarisches Treffen mit Freunden, bei dem getoastetes Brot zu einer Schale warmer Heilender Gemüsesuppe (Seite 65) gegessen wird. Dieses Rezept habe ich für all jene Menschen entwickelt, die weder Gluten noch Nüsse vertragen.

¾ Tasse Kokosmehl
1 TL Backnatron
½ TL Meersalz
4 große Eier
½ Tasse Olivenöl
2 EL Honig
¼ Tasse gelbe gemahlene Leinsamen, 10 Minuten in ½ Tasse Wasser eingeweicht

Den Backofen auf 180 °C vorheizen.

Eine 18 mal 7,5 Zentimeter große Kastenform mit Olivenöl einfetten.

In einer Küchenmaschine Kokosmehl, Backnatron und Salz verrühren. Eier, Olivenöl und Honig hinzufügen und verrühren, bis eine einheitliche Masse entstanden ist. Dann die Leinsamen-Wasser-Mischung unterrühren.

Den Teig in die vorbereitete Kastenform füllen und 35 bis 45 Minuten backen, bis an einem Messer, das man in die Mitte des Brotlaibs steckt, kein Teig mehr kleben bleibt. Das Brot in der Backform 1 Stunde auskühlen lassen, dann servieren.

„Roggen“-Brot

ERGIBT 1 LAIB (UNGEFÄHR 12 SCHEIBEN)

Bevor bei mir Zöliakie diagnostiziert wurde, liebte ich den herzhaften Geschmack eines guten Roggenbrots. Da Roggen Gluten enthält, kann ich ein solches Brot nicht mehr essen, doch der pikante Kümmel in diesem Rezept sorgt für einen ähnlich würzigen Geschmack.

1 Tasse blanchierte gemahlene Mandeln
¾ Tasse braune gemahlene Leinsamen
½ TL Backnatron
½ TL Meersalz
4 große Eier
1 EL Olivenöl
2 EL Kümmel

Den Backofen auf 180 °C vorheizen.

Eine 18 mal 7,5 Zentimeter große Kastenform mit Olivenöl einfetten.

In einer großen Schüssel gemahlene Mandeln, gemahlene Leinsamen, Backnatron und Salz mischen. In einer mittelgroßen Schüssel Eier und Olivenöl verquirlen. Die flüssigen Zutaten zu der Mandelmischung gießen und verrühren, bis eine einheitliche Masse entstanden ist. Dann den Kümmel unterrühren.

Den Teig in die vorbereitete Kastenform füllen und 30 bis 40 Minuten backen, bis an einem Messer, das man in die Mitte des Brotlaibs steckt, kein Teig mehr kleben bleibt. Das Brot in der Backform 1 Stunde auskühlen lassen, dann servieren.

Dattel-Orangen-Brot

ERGIBT 1 KLEINEN LAIB (UNGEFÄHR 8 SCHEIBEN) | SÜSSEGRAD: MITTEL |

Wollen Sie Ihren Nachbarn eine kleine Freude machen? Schenken Sie ihnen einen kleinen Laib dieses Dattel-Orangen-Brotes mit einem Schleifchen. Sie werden nicht glauben, dass es glutenfrei ist!

⅓ Tasse Kokosmehl
1 TL Backnatron
¼ TL Meersalz
4 große Eier
½ Tasse Kokosöl, auf sehr niedriger Stufe geschmolzen
1 gehäufter EL Orangenzesten
½ Tasse Medjool-Datteln, entsteint und gehackt

Den Backofen auf 180 °C vorheizen.

Eine kleine Kastenform (12,5 mal 7,5 Zentimeter) mit Kokosöl einfetten.

In einer Küchenmaschine Kokosmehl, Backnatron und Salz mischen. Eier, Kokosöl und Orangenzesten hinzufügen und verrühren, bis eine einheitliche Masse entstanden ist. Die Schneide aus der Küchenmaschine entfernen und die Datteln unterrühren.

Den Teig in die vorbereitete Kastenform füllen und 25 bis 35 Minuten backen, bis an einem Messer, das man in die Mitte des Brotlaibs steckt, kein Teig mehr kleben bleibt. Das Brot in der Backform 1 Stunde auskühlen lassen, dann servieren.

Bananen-Brot

ERGIBT 1 LAIB (UNGEFÄHR 12 SCHEIBEN) | SÜSSEGRAD: MITTEL

Verwandeln Sie die braun gewordenen Bananen, die Ihre Kinder nicht mehr essen, in ein verführerisches Bananen-Brot, das mit Kokosöl, Kokoszucker und Kokosmehl zubereitet wird.

1 Tasse blanchierte gemahlene Mandeln
1 EL Kokosmehl
¼ TL Backnatron
¼ TL Meersalz
4 große Eier
2 EL Kokosöl, auf sehr niedriger Stufe geschmolzen
2 EL Kokoszucker
2 bis 3 sehr reife Bananen, zerdrückt (ungefähr 1 Tasse)

Den Backofen auf 180 °C vorheizen. Eine 18 mal 7,5 Zentimeter große Kastenform mit Kokosöl einfetten und mit gemahlenen Mandeln bestäuben.

In einer großen Schüssel gemahlene Mandeln, Kokosmehl, Backnatron und Salz mischen. In einer mittelgroßen Schüssel Eier, Kokosöl und Kokoszucker verquirlen, sodass eine einheitliche Masse entsteht, dann die Bananen unterrühren.

Die flüssigen Zutaten mit der Mandel-Mischung verrühren, bis eine einheitliche Masse entstanden ist.

Den Teig in die vorbereitete Kastenform füllen und 50 bis 60 Minuten backen, bis an einem Messer, das man in die Mitte des Brotlaibs steckt, kein Teig mehr kleben bleibt. Das Brot in der Backform 1 Stunde auskühlen lassen, dann servieren.

Paleo-Tortillas

ERGIBT 4 TORTILLAS |

Dieses Rezept basiert auf Marks „Daily Apple“, einer meiner Lieblingsinternetseiten. Wenn Sie es zusammen mit dem Rosmarin-Zitronen-Hähnchen (Seite 80), klein geschnittenem Blattsalat und Avocadoscheiben servieren, erhalten Sie eine wunderbar mexikanisch anmutende Mahlzeit. Mein Nachbar Josh kann einen ganzen Stapel davon essen und meint, diese Tortillas seien sogar noch leckerer als die normalen, glutenhaltigen.

1 EL Kokosmehl
1/8 TL Backnatron
3 große Eier
1 EL plus 4 TL Olivenöl
1 EL frisch gepresster Limettensaft
1/3 Tasse Wasser

In einer Küchenmaschine Kokosmehl und Backnatron mischen. Eier, 1 Esslöffel des Olivenöls, Limettensaft und Wasser hinzufügen und verrühren, bis eine einheitliche Masse entstanden ist.
Den Teig zum Eindicken 20 Minuten ruhen lassen.
1 Teelöffel des Olivenöls in einer Pfanne mit 20 Zentimetern Durchmesser auf niedriger bis mittlerer Stufe erhitzen.
Pro Pfannkuchen 1/4 Tasse des Teigs in die Pfanne geben; dabei die Pfanne schwenken, damit sich der Teig bis an die Ränder verteilt. Braten, bis sich kleine Bläschen bilden. Wenn die Bläschen platzen, die Tortilla wenden und weiterbraten, bis sie auf der zweiten Seite goldbraun sind.
Die fertige Tortilla auf einen Teller legen. Mit dem restlichen Öl und Teig auf dieselbe Weise verfahren. Dann servieren.

Nussfreie Cracker

ERGIBT 16 CRACKER | |

Endlich! Herzhafte Cracker, die glutenfrei, getreidefrei, eifrei und nussfrei sind – und außerdem einfach köstlich schmecken! Servieren Sie diese Cracker zusammen mit dem „Easy Avocado Dip" aus dem Blog „Elana's Pantry".

1/3 Tasse Hanfsamen
1/3 Tasse Sesam
1 EL Kokosmehl
1/3 Tasse gelbe gemahlene Leinsamen
½ TL Meersalz
1 EL Kokosfett
2 EL Wasser

Den Backofen auf 180 °C vorheizen. Zwei große Backbleche bereitstellen. Drei Stücke Backpapier auf die Größe der Backbleche zurechtschneiden.

In einer Küchenmaschine Hanfsamen und Sesam grob zerkleinern. Kokosmehl, gemahlene Leinsamen und Salz hinzufügen und verrühren. Dann Kokosfett und Wasser hinzufügen und verrühren, bis der Teig sich zu einer Kugel formt.

Den Teig in zwei gleich große Stücke teilen. Eine Hälfte zwischen zwei Stücken Backpapier zu einem 3 Millimeter dicken Rechteck von ungefähr 10 mal 20 Zentimetern ausrollen. Das obere Backpapier entfernen und das untere Stück Backpapier mit dem ausgerollten Teigstück auf eines der Backbleche legen. Mit dem restlichen Teigstück auf dieselbe Weise verfahren. Den Teig mit einem Messer oder Pizzaschneider in Quadrate mit 5 Zentimetern Seitenlänge schneiden.

Die Cracker 10 bis 15 Minuten backen, bis sie goldbraun sind. Auf den Backblechen 30 Minuten auskühlen lassen, dann servieren.

Knoblauch-Cracker

ERGIBT 24 CRACKER

Die kräftig schmeckenden Knoblauch-Cracker sind gesünder als Kartoffelchips und schmecken genauso lecker. Naschen Sie diese Cracker pur oder mit Ihrem Lieblingsdip.

1½ Tassen blanchierte gemahlene Mandeln
¼ TL Meersalz
⅛ TL Backnatron
1 großes Ei
1 EL frischer Knoblauch, fein gehackt

Den Backofen auf 180 °C vorheizen. Zwei große Backbleche bereitstellen. Drei Stücke Backpapier auf die Größe der Backbleche zurechtschneiden. In einer Küchenmaschine gemahlene Mandeln, Salz und Backnatron mischen. Ei und Knoblauch hinzufügen und verrühren, bis eine einheitliche Masse entstanden ist. Den Teig in zwei gleich große Stücke teilen. Eine Hälfte zwischen zwei Stücken Backpapier zu einem 3 Millimeter dicken Rechteck von ungefähr 10 mal 20 Zentimetern ausrollen. Das obere Backpapier entfernen und das untere Stück Backpapier mit dem ausgerollten Teigstück auf eines der Backbleche legen. Mit dem restlichen Teigstück auf dieselbe Weise verfahren. Den Teig mit einem Messer oder Pizzaschneider in Quadrate mit 5 Zentimetern Seitenlänge schneiden. Die Cracker 8 bis 10 Minuten backen, bis sie goldbraun sind. Auf den Backblechen 30 Minuten auskühlen lassen, dann servieren.

Olivenöl-Thymian-Cracker

ERGIBT 24 CRACKER |

Vegane Cracker mit dem Geschmack des Superlebensmittels Thymian, die mit nährstoffreichen gemahlenen Mandeln gebacken wurden, sind in meiner Familie besonders beliebt. Servieren Sie sie mit Olivenpaste: Ein Rezept für diesen und andere Aufstriche finden Sie in meinem Blog.

1¾ Tassen blanchierte gemahlene Mandeln
1 EL frischer Thymian, gehackt
½ TL Meersalz
1 EL Olivenöl
2 EL Wasser

Den Backofen auf 180 °C vorheizen.
Zwei große Backbleche bereitstellen.
Drei Stücke Backpapier auf die Größe der Backbleche zurechtschneiden
In einer Küchenmaschine gemahlene Mandeln, Thymian und Salz mischen.
Olivenöl und Wasser hinzufügen und verrühren, bis eine einheitliche Masse entstanden ist.
Den Teig in zwei gleich große Stücke teilen.
Eine Hälfte zwischen zwei Stücken Backpapier zu einem 3 Millimeter dicken Rechteck von ungefähr 10 mal 20 Zentimetern ausrollen. Das obere Backpapier entfernen und das untere Stück Backpapier mit dem ausgerollten Teigstück auf eines der Backbleche legen. Mit dem restlichen Teigstück auf dieselbe Weise verfahren. Den Teig
mit einem Messer oder Pizzaschneider in Quadrate mit 5 Zentimetern Seitenlänge schneiden.
Die Cracker 10 bis 14 Minuten backen, bis sie goldbraun sind. Auf den Backblechen 30 Minuten auskühlen lassen, dann servieren.

Gemüsegerichte

Avocado-Grünkohl-Salat

ERGIBT 4 PORTIONEN |

Mein jüngerer Sohn zaubert gerne diesen Favoriten unserer Familie zum Abendessen. Das ist eine gute Sache, denn Grünkohl ist ein Superlebensmittel voller Nährstoffe und gesunden Phytochemikalien. Wenn man den Grünkohl knetet, wird er zarter.

1 Bund Grünkohl, kreuzweise in 0,6 cm breite Streifen geschnitten (ca. 4 Tassen)
2 EL Olivenöl
1 EL frisch gepresster Zitronensaft
1 sehr reife Avocado, in Würfel mit 2,5 cm Seitenlänge geschnitten
½ TL frisch gemahlener schwarzer Pfeffer
¼ TL Meersalz

In einer großen Schüssel Grünkohl, Olivenöl und Zitronensaft mischen. Mit den Händen die Zutaten kneten, bis der Grünkohl weich ist. Die Avocado mit den Händen unter den Salat mengen, bis sie vollständig zerdrückt ist. Pfeffern und salzen, umrühren und servieren.

Krautsalat

ERGIBT 4 PORTIONEN |

Servieren Sie diesen Krautsalat bei einer sommerlichen Grillparty mit den Klassischen Lachsfrikadellen (Seite 86) und Dill-Tartarsoße (Seite 98). Das Ergebnis? Eine erfrischende und sättigende Mahlzeit.

1 kleiner Kopf Weißkohl, gerieben (ungefähr 3 Tassen)
6 mittelgroße Karotten, gerieben (ungefähr 3 Tassen)
½ Tasse Paleo-Mayonnaise (Seite 98)
3 EL Apfelessig
1 EL Honig
¼ TL Meersalz

In einer großen Schüssel Kohl und Karotten mischen. Mayonnaise, Essig, Honig und Salz hinzufügen, vorsichtig umrühren und servieren.

Bitteres Löwenzahngemüse

ERGIBT 4 PORTIONEN | |

Bitter ist in unserer modernen Gesellschaft eine der am meisten unterschätzten Geschmacksrichtungen, da wir so auf das Süße und Salzige fixiert sind. Infolgedessen sind viele Menschen süchtig nach Kaffee, eine der wenigen Quellen für Bitteres, die problemlos zur Verfügung steht. Löwenzahnblätter sind nicht nur ein besonders tolles bitteres Gemüse – sie helfen außerdem der Leber bei der Entgiftung. Servieren Sie den Löwenzahn mit Rühreiern zum Frühstück oder als Beilage zu einem Abendessen. Siehe Foto auf Seite 84.

2 EL Olivenöl
1 mittelgroße Zwiebel, fein gehackt (ungefähr 1 Tasse)
1 Bund Löwenzahnblätter, Stängel entfernt und kreuzweise in 2,5 cm lange Streifen geschnitten (ungefähr 4 Tassen)
1/8 TL Meersalz

Das Olivenöl in einer großen Pfanne auf mittlerer Stufe erhitzen. Die Zwiebel 8 bis 10 Minuten anbraten, bis sie weich und glasig ist. Löwenzahnblätter hinzufügen und 2 bis 3 Minuten braten, bis sie in sich zusammenfallen und weich sind. Salz unterrühren und servieren.

Bunter Wintersalat

ERGIBT 4 PORTIONEN | |

Dieser farbenfrohe Salat besteht aus Rotkohl, Römersalat und Karotten (alle reich an Ballaststoffen, Vitamin C und Vitamin A) und liefert Ihnen auch im tiefsten Winter eine große Vielfalt an Nährstoffen. Verwenden Sie einen Juliennereißer, um Ihre Karotten schnell in dünne Streifen zu schneiden: Sie finden dieses nützliche Haushaltsgerät im Internet oder in Haushaltswarenläden. Ansonsten schneiden Sie die Karotten einfach mit dem Messer in streichholzgroße Streifen.

1 kleiner Kopf Rotkohl, gerieben (ungefähr 3 Tassen)
1 kleiner Kopf Römersalat, gerieben (ungefähr 1 Tasse)
2 mittelgroße Karotten, in Juliennes geschnitten (ungefähr 1 Tasse)
¼ Tasse Sesam-Dressing (Seite 101)

In einer großen Schüssel Kohl, Salat und Karotten mischen. Das Sesam-Dressing unterrühren und servieren.

Bunter Wintersalat mit Sesam-Dressing (Seite 101) >

Blumenkohl-„Reis“

ERGIBT 4 PORTIONEN | |

Als ich aufhörte, stärkehaltigen Reis zu essen, glaubte ich nicht, dass ich jemals wieder leckere Soßen auf meinem Teller auftunken könnte. Dann lernte ich Blumenkohl-„Reis“ kennen. Er enthält wenige Kohlenhydrate, ist reich an Nährstoffen und eine wunderbare Beilage zu Gerichten wie Rindfleisch mit Brokkoli (Seite 94) oder der Asia-Pfanne (Seite 92 f.).

3 EL Olivenöl
1 mittelgroße Zwiebel, fein gehackt (ungefähr 1 Tasse)
4 Stangen Sellerie, fein gehackt (ungefähr 1 Tasse)
1 großer Blumenkohl, geputzt und grob gehackt
¼ TL Meersalz

Das Olivenöl in einer großen Pfanne auf mittlerer Stufe erhitzen. Die Zwiebel 8 bis 10 Minuten anbraten, bis sie weich und glasig ist. Sellerie hinzufügen und 5 Minuten anbraten.

In einer Küchenmaschine den Blumenkohl zerkleinern, bis er die Struktur von Reis aufweist. Den Blumenkohl in die Pfanne füllen, abdecken und unter gelegentlichem Umrühren 15 bis 20 Minuten garen, bis er weich ist.

Salzen und servieren.

„Reis“-Pilaw

ERGIBT 4 PORTIONEN |

Dieses Paleo-Hauptgericht ist eine unglaublich gesunde Alternative zum traditionellen Reis, hat wenige Kalorien und ist vor allem reich an Antioxidantien. Inzwischen habe ich Blumenkohl-„Reis“ in jeder erdenklichen Kombination ausprobiert – und diese Variante ist unser Favorit.

2 EL Kokosöl
1 mittelgroße Zwiebel, fein gehackt (ungefähr 1 Tasse)
1 großer Blumenkohl, geputzt und grob gehackt
¼ Tasse Korinthen
¼ Tasse Mandelblättchen
½ TL Meersalz

Das Kokosöl in einer großen Pfanne auf mittlerer Stufe erhitzen. Die Zwiebel 8 bis 10 Minuten anbraten, bis sie weich und glasig ist.

In einer Küchenmaschine den Blumenkohl zerkleinern, bis er die Struktur von Reis aufweist. Den Blumenkohl in die Pfanne füllen, abdecken und unter gelegentlichem Umrühren 15 bis 20 Minuten garen, bis er weich ist. Korinthen, Mandelblättchen und Salz hinzufügen und 1 bis 2 Minuten unter gelegentlichem Umrühren garen, dann servieren.

Rote Rüben mit Balsamico und Rosmarin

ERGIBT 4 PORTIONEN | |

Rote Rüben sind wunderbar und deutlich nährstoffreicher als stärkehaltige, weiße Kartoffeln. Nachdem einige meiner Freunde meine Balsamico-Variante probiert hatten, haben sie Rote Rüben ebenfalls auf ihren Speiseplan gesetzt.

4 mittelgroße Rote Rüben, geschält und in Würfel mit 2,5 cm Seitenlänge geschnitten (ungefähr 4 Tassen)
1 EL Olivenöl
1 EL Balsamico-Essig
1 EL gehackter, frischer Rosmarin
½ TL frisch gemahlener schwarzer Pfeffer
¼ TL Meersalz

Den Backofen auf 200 °C vorheizen.

In einer mittelgroßen Schüssel Rote Rüben, Olivenöl, Essig, Rosmarin, Pfeffer und Salz verrühren. Die Mischung in eine Auflaufform (23 mal 33 cm) füllen und mit Alufolie abdecken.

45 Minuten backen. Die Folie entfernen und ohne Abdeckung weitere 10 bis 20 Minuten backen, bis die Roten Rüben weich sind, wenn man mit einer Gabel hineinsticht. Dann servieren.

Paleo-„Kartoffel“-Lauchsuppe

ERGIBT 4 PORTIONEN |

Kartoffel-Lauchsuppe? Leider nicht für mich, denn ich verzichte auf normale Kartoffeln. Und Lauch mit cremigem, unglaublich gesundem Blumenkohl? Ja klar, sehr gerne! Dieses Gemüse hat es mir ermöglicht, viele meiner alten Lieblingsrezepte neu zu erfinden.

2 EL Kokosöl
1 mittelgroße Stange Lauch, weiße und grüne Teile, in dünne Scheiben geschnitten (ungefähr 3 Tassen)
1 großer Blumenkohl, geputzt und grob gehackt
6 Tassen Hühnerbrühe
½ TL Meersalz
½ TL frisch gemahlener schwarzer Pfeffer

Das Kokosöl in einem großen Topf auf mittlerer Stufe erhitzen. Den Lauch 10 bis 15 Minuten anbraten, bis er leicht braun wird. Blumenkohl hinzufügen und 15 Minuten braten, bis er gar ist. Hühnerbrühe in den Topf gießen und zum Kochen bringen. Die Hitze reduzieren und 20 Minuten köcheln lassen. Vom Herd nehmen und 15 Minuten abkühlen lassen. In einem leistungsstarken Mixer vorsichtig nacheinander jeweils 2 Tassen der Suppe pürieren, bis sie eine sehr geschmeidige Konsistenz hat, dann die Suppe in einen sauberen Topf füllen.

Salzen und pfeffern, noch einmal erwärmen und servieren.

Heilende Gemüsesuppe

ERGIBT 4 PORTIONEN |

Meiner Freundin Shila Wilson verdanke ich das Rezept für dieses wunderbar gesunde Gericht aus Wurzelgemüse. Es eignet sich perfekt für einen Winterabend, serviert mit Rosmarin-Zitronen-Hähnchen (Seite 80) und einer großen Portion Avocado-Grünkohl-Salat (Seite 56).

2 EL Olivenöl
1 mittelgroße Zwiebel, gehackt (ungefähr 1 Tasse)
4 mittelgroße Karotten, gehackt (ungefähr 2 Tassen)
1 mittelgroßer Daikon, gehackt (ungefähr 1 Tasse)
1 mittelgroße Klettenwurzel, gehackt (ungefähr ½ Tasse)
6 Tassen Hühnerbrühe
¾ TL Meersalz

Das Olivenöl in einem großen Topf auf mittlerer Stufe erhitzen. Die Zwiebel 8 bis 10 Minuten anbraten, bis sie weich und glasig ist. Karotten, Daikon und Klettenwurzel hinzufügen und 15 bis 20 Minuten braten, bis das Gemüse anfängt, braun zu werden. Die Brühe hinzugießen und zum Kochen bringen. Die Hitze reduzieren und 30 Minuten köcheln lassen. Vom Herd nehmen und 15 Minuten abkühlen lassen. In einem leistungsstarken Mixer vorsichtig nacheinander jeweils 2 Tassen der Suppe pürieren, bis sie eine sehr geschmeidige Konsistenz hat, dann die Suppe in einen sauberen Topf füllen.
Salzen, noch einmal erwärmen und servieren.

Gebackener Brokkoli

ERGIBT 4 PORTIONEN |

Diese Speise ist köstlich und elegant. Sie eignet sich sowohl wunderbar als Alltagsgericht als auch zu besonderen Anlässen. Servieren Sie den Gebackenen Brokkoli mit Mariniertem Flankensteak (Seite 91) oder zu Lachsfilet mit Senf (Seite 85).

3 Köpfe Brokkoli, in ca. 7,5 cm große Röschen geschnitten (ungefähr 6 Tassen)
2 EL Olivenöl
½ TL Meersalz

Den Backofen auf 200 °C vorheizen.
In einer großen Schüssel mit den Händen Brokkoli, Olivenöl und Salz vermengen. Den Brokkoli in einer einzigen Schicht auf zwei Backbleche verteilen.
15 bis 20 Minuten backen, bis der Brokkoli bissfest ist und beginnt, braun zu werden. 5 Minuten abkühlen lassen, dann servieren.

Gebratene Steckrüben

ERGIBT 4 PORTIONEN |

Diese Neuinterpretation von Großmutters traditionellen Steckrübengerichten wird Ihre Liebe zu diesem gesunden Wurzelgemüse neu entfachen und selbst die überzeugtesten Steckrübenhasser bekehren. Meine Freundin Deb, welche die Internetseite „Revive Organizing" betreibt, zeigte mir, wie man dieses Gericht zubereitet; es basiert auf einem Rezept, das Jane Brody vor einigen Jahren entwickelt hat.

1 EL Kokosöl
1 EL Honig
4 mittelgroße Steckrüben, in Würfel mit ca. 6 mm Seitenlänge geschnitten (ungefähr 4 Tassen)
½ TL frisch gemahlener schwarzer Pfeffer
1 EL gehackte, frische, glatte Petersilie

Kokosöl und Honig in einer großen Pfanne auf mittlerer Stufe erhitzen. Steckrüben und Pfeffer hinzufügen und ungefähr 10 Minuten braten, bis die Steckrüben bissfest und goldbraun sind; dabei häufig umrühren, um Anbrennen zu verhindern. Mit Petersilie bestreuen und dann servieren.

Gefüllte Pilze

ERGIBT 24 PILZE |

Schon als Jugendliche aß ich gern Gefüllte Pilze, die ich damals mit Käse zubereitete. Da ich heute Milchprodukte meide, ist dieses Gericht der perfekte, eiweißreiche Ersatz.

24 weiße Pilze mit jeweils 5 cm Durchmesser, Stiele entfernt und aufgehoben
225 g Bio-Hackfleisch vom Schwein oder Rind
½ Tasse gehackte, frische, glatte Petersilie
4 Frühlingszwiebeln, fein gehackt (ungefähr ¼ Tasse)
1 EL frischer Knoblauch, fein gehackt
1 EL gehackter, frischer Rosmarin
1 großes Ei
¾ TL Meersalz
½ TL frisch gemahlener schwarzer Pfeffer

Den Backofen auf 200 °C vorheizen.

Ein Backblech mit Backpapier auslegen.

In einer Küchenmaschine die Stiele der Pilze, das Schweinehackfleisch, die Petersilie, die Frühlingszwiebeln, Knoblauch, Rosmarin, Ei, Salz und Pfeffer mixen, bis eine einheitliche Masse entsteht; dabei darauf achten, die Masse nicht zu fein zu pürieren. Jeweils einen gehäuften Esslöffel der Füllung in jede Pilzkappe füllen. Die gefüllten Pilze auf das vorbereitete Backblech setzen.

30 bis 40 Minuten backen, bis die Pilze weich sind und die Füllung gar und braun ist, dann servieren.

Sesam-Nudeln

ERGIBT 4 PORTIONEN

Meine Freundin Kelly, die auf ihrer Internetseite „Spunky Coconut" über glutenfreies Leben schreibt, liebt Sesam-Nudeln – und ich auch. An diesem gesunden, kalorienarmen Gericht aus Meerespflanzen mögen wir beide besonders, dass es leicht knusprig ist. Wenn Sie es als Hauptspeise genießen möchten, können Sie es mit Sesam-Fischstäbchen (Seite 82) oder mit Honig-Zitronen-Hähnchen (Seite 75) servieren.

1 Packung (340 g) Seetang-Nudeln
¼ Tasse geröstetes Mandelmus, auf Zimmertemperatur
1 EL geröstetes Sesamöl
1 EL Ume-Essig
1 EL Honig
Sesam, zum Garnieren

Die Seetang-Nudeln 30 Minuten in einer Schüssel mit heißem Wasser einweichen. Die Nudeln abgießen und gründlich abspülen.

In einer kleinen Schüssel Mandelmus, Sesamöl, Essig und Honig verquirlen. Die Nudeln hinzufügen und alles vermengen. Mit Sesam bestreuen und servieren.

Sesam-Nudeln mit Honig-Zitronen-Hähnchen (Seite 75) >

Asiatische Pilz-Nudelpfanne

ERGIBT 4 PORTIONEN | |

Wenn Sie chinesische Speisen vermissen, wird dieses Gericht mit gesunden Seetang-Nudeln genau nach Ihrem Geschmack sein. Servieren Sie es zu Rosmarin-Zitronen-Hähnchen (Seite 80), Mariniertem Flankensteak (Seite 91) oder Sesam-Fischstäbchen (Seite 82), wenn Sie ein rundum asiatisches Abendessen zubereiten möchten.

1 Packung (340 g) Seetang-Nudeln
2 EL Kokosöl
1 mittelgroße Zwiebel, in dünne Scheiben geschnitten (ungefähr 1 Tasse)
1 mittelgroßer Kopf Wirsing oder Chinakohl, in dünne Scheiben geschnitten (ungefähr 4 Tassen)
1 Tasse Wasser
230 g Shiitake-Pilze, ohne Stiele und in dünne Scheiben geschnitten (ungefähr 2 Tassen)
1 TL geröstetes Sesamöl
1 TL frischer Knoblauch, fein gehackt
¼ TL Meersalz

Die Seetang-Nudeln 30 Minuten in einer Schüssel mit heißem Wasser einweichen. Die Nudeln abgießen und gründlich abspülen.

Kokosöl in einer großen Pfanne auf mittlerer Stufe erhitzen. Die Zwiebel 8 bis 10 Minuten braten, bis sie weich und glasig ist. Kohl und Wasser hinzufügen und abgedeckt ungefähr 10 Minuten garen, bis der Kohl weich ist. Die Pilze hinzufügen und ungefähr 5 Minuten braten, bis sie gar sind. Sesamöl, Knoblauch und Salz unterrühren.

Die Seetang-Nudeln unterrühren und ungefähr 5 Minuten garen, bis alles warm ist und die Aromen gut durchmischt sind. Dann servieren.

Pad Thai

ERGIBT 4 PORTIONEN |

Ich hätte nicht darüber nachgedacht, Pad Thai in ein Paleo-Gericht umzuwandeln, wenn ich nicht auf der Internetseite „Clothes Make the Girl" eine Nachricht von Melissa Joulwan gelesen hätte. Mehr brauchte ich nicht, um meine Meinung zu ändern. Ich serviere die Paleo-Variante dieses Gerichts mit Resten von Hähnchenfleisch, Rindfleisch, Fisch, Meeresfrüchten oder mit frisch zubereitetem Rosmarin-Zitronen-Hähnchen (Seite 80).

1 mittelgroßer Spaghettikürbis, Samen entfernt und Fruchtfleisch in Stücke geschnitten (ungefähr 4 Tassen)
3 EL Kokosöl
1 mittelgroße Zwiebel, fein gehackt (ungefähr 1 Tasse)
1 Kopf Brokkoli, gehackt (ungefähr 2 Tassen)
2 Köpfe Baby-Pak Choi, kreuzweise in 2,5 cm breite Streifen geschnitten (ungefähr 1 ½ Tassen)
6 Frühlingszwiebeln, weiße und grüne Teile, in dünne Scheiben geschnitten (ungefähr 3/4 Tasse)
½ Tasse gehackte, frische Korianderblätter
1 Tasse Cashewkerne, geröstet und gehackt
Würzige „Erdnuss"-Soße (Seite 100)

Einen metallenen Dämpfeinsatz in einen großen Topf stellen und Wasser bis zu einer Höhe von 7,5 Zentimetern einfüllen. Den Spaghettikürbis im Dämpfeinsatz 20 Minuten garen, bis er zart ist (mit einer Gabel hineinstechen und prüfen). Den Kürbis aus dem Dämpfeinsatz holen. Wenn er ausreichend abgekühlt ist, das Fruchtfleisch aus der Schale löffeln.

Das Kokosöl in einer großen Pfanne auf mittlerer Stufe erhitzen. Die Zwiebel 8 bis 10 Minuten anbraten, bis sie weich und glasig ist. Brokkoli hinzufügen und ungefähr 10 Minuten braten, bis er gar ist. Pak Choi unterrühren und 3 bis 4 Minuten braten, bis er in sich zusammenfällt. Den Kürbis in die Pfanne füllen, kurz umrühren, dann die Frühlingszwiebeln und den Koriander hinzufügen. Mit gerösteten Cashewkernen bestreuen und zusammen mit der Würzigen „Erdnuss"-Soße servieren.

Zweifach gebackener Kürbis

ERGIBT 4 PORTIONEN |

Kürbis, Karotten und andere orangefarbene Gemüsesorten sind eine perfekte Quelle für Betacarotin, eine Form von Vitamin A, die – in großen Mengen genossen – Ihre Haut lustig orange färben kann. Als mein jüngerer Sohn ein Kleinkind war, wurde er orange, weil er so viel Kürbis aß – mein Fehler, da ich diesen ebenso gern zu mir nehme wie er. Nun sind Sie gewarnt: Versuchen Sie also, diesen samtigen Eintopf nicht ganz alleine aufzuessen.

1 mittelgroßer Butternusskürbis, halbiert und ohne Samen
½ Tasse Wasser
2 große Eier
½ Tasse frisch gepresster Orangensaft
2 EL Kokosöl, auf sehr niedriger Stufe geschmolzen
10 Tropfen Vanillestevia
1 TL Zimtpulver
¼ TL gemahlene Muskatnuss
¼ TL Meersalz

Den Backofen auf 180 °C vorheizen.

Den Kürbis mit der Schnittfläche nach unten auf ein Backblech (33 mal 23 Zentimeter) legen und das Wasser hinzugießen. 50 bis 60 Minuten backen, bis der Kürbis sehr weich ist und auseinander fällt.

Die Schale des Kürbisses entfernen und wegwerfen. In einem leistungsstarken Mixer Kürbis, Eier, Orangensaft, Kokosöl, Stevia, Zimt, Muskatnuss und Salz pürieren, bis eine sehr geschmeidige Masse entsteht.

Die Mischung in eine quadratische Auflaufform mit 20 Zentimetern Seitenlänge füllen und 50 bis 60 Minuten backen, bis alles leicht gebräunt ist; dann servieren.

Hauptgerichte

Honig-Zitronen-Hähnchen

ERGIBT 4 PORTIONEN |

Servieren Sie dieses Hähnchengericht in der Auflaufform, damit Ihre Familie auch die Soße genießen kann. Mein jüngerer Sohn zerdrückt gerne seinen gedämpften Brokkoli darin, während ich den gegarten Knoblauch auf Paleo-Brot streiche und genieße (Seite 44).

1 ganzes Hähnchen, 900 bis 1350 g
2 EL Olivenöl
2 EL Honig
1 EL Meersalz
3 Zitronen
2 mittelgroße Zwiebeln
1 Knolle Knoblauch

Den Backofen auf 180 °C vorheizen.
Das Hähnchen abspülen, trockentupfen und mit der Brust nach unten in eine Auflaufform (33 mal 23 Zentimeter) legen. Mit Olivenöl und Honig bestreichen, salzen und mit einer der beiden ganzen Zitronen füllen. Die beiden anderen Zitronen halbieren und in die Ecken der Auflaufform legen. Die Zwiebeln halbieren (vorher nicht schälen) und neben die Zitronenhälften legen. Die Zehen aus der Knoblauchknolle lösen (nicht schälen) und in der Auflaufform verteilen.
Das Hähnchen 50 bis 60 Minuten backen, bis die Haut gut gebräunt ist. Die Temperatur auf 230 °C erhöhen, die Hähnchenbrust nach oben drehen und ungefähr weitere 15 Minuten backen, bis ein Bratenthermometer in den Keulen 75 °C bis 80 °C anzeigt.
Das Hähnchen aus dem Backofen holen. Aufschneiden, mit dem Bratensaft beträufeln und servieren.

Hähnchen-Eintopf

ERGIBT 4 PORTIONEN |

In den US-amerikanischen Südstaaten versteht man unter der Bezeichnung „Gumbo" ein dickes, würziges Eintopfgericht mit Fleisch und Gemüse. Da ich scharfe Speisen meide, verwende ich Gemüse und Kräuter für diese Speise. Wenn Sie es schärfer mögen, können Sie Cayennepfeffer und Chili hinzufügen.

450 g Hähnchenbrust ohne Haut und Knochen
2 EL Kokosöl
1 mittelgroße Zwiebel, fein gehackt (ungefähr 1 Tasse)
2 Stangen Sellerie, fein gehackt (ungefähr ½ Tasse)
2 mittelgroße Karotten, in dünne Scheiben geschnitten (ungefähr 1 Tasse)
1 mittelgroße Steckrübe, in Würfel mit 6 mm Seitenlänge geschnitten (ungefähr 1 Tasse)
110 g Champignons, ohne Stiele und in dünne Scheiben geschnitten (ungefähr 1 Tasse)
½ TL Meersalz
½ Tasse gehackte, frische, glatte Petersilie
2 EL Pfeilwurzelmehl
1 Tasse Hühnerbrühe
Blumenkohl-„Reis" (Seite 60), zum Servieren

Das Hähnchen abspülen und trockentupfen. Das Fleisch in Würfel mit 1,2 Zentimetern Seitenlänge schneiden und auf einen Teller legen. Das Kokosöl in einer großen Pfanne auf mittlerer Stufe erhitzen. Die Zwiebel 8 bis 10 Minuten anbraten, bis sie weich und glasig ist. Sellerie, Karotten, Steckrüben, Pilze und Salz hinzufügen und umrühren. Abdecken und unter gelegentlichem Umrühren 10 bis 15 Minuten braten lassen, bis das Gemüse weich ist. Das Hähnchenfleisch hinzufügen, abdecken, gelegentlich umrühren und ungefähr 5 Minuten braten, bis das Hähnchen gar ist. Petersilie unterrühren. In einer kleinen Schüssel das Pfeilwurzelmehl in der Brühe auflösen und umrühren, bis eine einheitliche Masse entstanden ist.
Die Hitze unter der Hähnchen-Gemüse-Mischung erhöhen, dann die Pfeilwurzelmehlmischung hinzufügen. Aufkochen, gelegentlich umrühren und 2 bis 3 Minuten köcheln lassen, bis die Soße eindickt und glatt wird. Mit Blumenkohl-„Reis" servieren.

Hähnchen-Salat

ERGIBT 4 PORTIONEN |

Da für dieses Rezept Hähnchenfleisch-Reste verwendet werden, ist es perfekt für jene Tage geeignet, an denen Sie wenig Zeit haben und sich nach einer supergesunden, eiweißreichen Mahlzeit sehnen. Meine Jungs verschlingen diesen Hähnchen-Salat am liebsten an heißen Sommerabenden – und ich esse ihn ebenso gern wie sie.

2 Tassen gekochtes Hähnchenfleisch, in Stücke geschnitten
8 Stangen Sellerie, fein gehackt (ungefähr 2 Tassen)
2 Granny Smith-Äpfel, entkernt und in Würfel mit 2,5 cm Seitenlänge geschnitten
1 Tasse gehackte, frische, glatte Petersilie
¼ Tasse Paleo-Mayonnaise (Seite 98)
¼ Tasse Dijon-Senf
¼ TL Meersalz
¼ TL frisch gemahlener schwarzer Pfeffer
1 Kopf Römersalat, kreuzweise in 2,5 cm breite Streifen geschnitten (ungefähr 4 Tassen)

In einer großen Schüssel Hähnchenfleisch, Sellerie, Äpfel, Petersilie und Mayonnaise verrühren. Senf, Salz und Pfeffer unterrühren. Auf dem Römersalat servieren.

Marbella-Hähnchen

ERGIBT 6 PORTIONEN |

Dieses klassische Rezept stammt aus dem „Silver Palate Cookbook". Ich habe es insofern abgewandelt, als ich statt Hähnchenschenkeln Hähnchenbrust ohne Knochen verwende und auf den Zucker verzichte. Als ich in New York City das College besuchte, ging ich auf meinen langen Spaziergängen durch die Upper West Side oft am „Silver Palate"-Laden vorbei. Da ich mich damals allerdings noch nicht besonders für das Kochen interessierte, bin ich nie hineingegangen, wenn ich mich recht erinnere.

900 g Hähnchenbrust ohne Haut und Knochen
1 Tasse Trockenpflaumen, entsteint und halbiert
2 Tassen grüne Oliven, entsteint
½ Tasse Honig
¼ Tasse Olivenöl
¼ Tasse Kapern
2 EL Apfelessig
2 EL frischer Knoblauch, fein gehackt
2 EL getrockneter Oregano
3 Lorbeerblätter
1 TL Meersalz
½ TL frisch gemahlener schwarzer Pfeffer
¼ Tasse gehackte, frische, glatte Petersilie

Das Hähnchen abspülen und trockentupfen, dann in Würfel mit 5 Zentimetern Seitenlänge schneiden. In einer großen Schüssel Trockenpflaumen, Oliven, Honig, Olivenöl, Kapern, Essig, Knoblauch, Oregano, Lorbeerblätter, Salz und Pfeffer verrühren. Die Hähnchenwürfel hinzufügen und unterrühren. Die Schüssel abdecken und mindestens 2 Stunden oder über Nacht in den Kühlschrank stellen.
Den Backofen auf 180 °C vorheizen.
Das Hähnchen samt Marinade in eine Auflaufform (33 mal 23 Zentimeter) füllen. Dabei das Fleisch in einer einzigen Schicht nebeneinander anordnen. 40 bis 50 Minuten backen, bis die Ränder der Fleischwürfel goldbraun sind. Das Hähnchen mit der Petersilie bestreuen und servieren.

Rosmarin-Zitronen-Hähnchen

ERGIBT 4 PORTIONEN |

Dieses Hähnchengericht gibt es bei uns mindestens einmal pro Woche, und es passt einfach zu allem. Das Rezept basiert auf einer Idee der unglaublichen Ina Garten.

450 g Hähnchenbrust ohne Haut und Knochen
1/3 Tasse Olivenöl
1/3 Tasse frisch gepresster Zitronensaft
1½ TL gehackter, frischer Rosmarin
1 TL Meersalz
½ TL frisch gemahlener schwarzer Pfeffer

Die Hähnchenbrust abspülen, trockentupfen und der Länge nach halbieren.
In einer mittelgroßen Schüssel Olivenöl, Zitronensaft, Rosmarin, Salz und Pfeffer zu einer Marinade verrühren. Die Marinade in eine quadratische Auflaufform mit 20 Zentimetern Seitenlänge gießen, dann das Hähnchen hinzufügen.
Abdecken und 3 bis 6 Stunden in den Kühlschrank stellen.
Den Grill vorheizen und das Hähnchen 3 bis 5 Minuten pro Seite grillen, bis es gar ist. Das Fleisch 5 Minuten abkühlen lassen, dann servieren.

Paleo-Schäferauflauf

ERGIBT 6 PORTIONEN |

„Shepherd's pie" (hier mit „Schäferauflauf" übersetzt) ist ein köstliches, traditionell englisches Gericht, das auf die 1870er-Jahre zurückgeht. Üblicherweise wird es mit Hackfleisch hergestellt (meist vom Lamm, daher der Name) und mit Kartoffelpüree bedeckt. In den USA verwendet man häufiger Rinderhackfleisch. Wenn Sie die obere Schicht braun haben möchten, sollten Sie das Gericht länger im Backofen lassen. Ich mag es, wenn die Ränder des Auflaufs schon sehr dunkel sind.

3 große Köpfe Blumenkohl, geputzt und grob gehackt
4 EL Olivenöl
2 mittelgroße Zwiebeln, fein gehackt (ungefähr 2 Tassen)
4 mittelgroße Karotten, gewürfelt (ungefähr 2 Tassen)
4 Stangen Sellerie, gewürfelt (ungefähr 1 Tasse)
450 g Bio-Hackfleisch vom Rind
1 Tasse Hühnerbrühe
1 TL frisch gemahlener schwarzer Pfeffer
½ TL Meersalz

Den Backofen auf 180 °C vorheizen.

Den Blumenkohl dünsten, bis er sehr weich ist, dann beiseitestellen.

2 Esslöffel des Olivenöls in einer großen Pfanne auf mittlerer Stufe erhitzen. Die Zwiebeln darin 8 bis 10 Minuten braten, bis sie weich und glasig sind. Karotten und Sellerie hinzufügen und ungefähr 10 Minuten braten, bis sie weich sind.

Das Rinderhack in die Pfanne füllen, mit einem hölzernen Kochlöffel zerkleinern und 5 bis 7 Minuten braten, sodass es braun ist. Die Hühnerbrühe hinzufügen und 7 bis 8 Minuten köcheln lassen, bis die Hälfte der Flüssigkeit eingekocht ist. Pfeffern und salzen, umrühren, dann die Mischung in eine Auflaufform (33 mal 23 Zentimeter) füllen.

In einer Küchenmaschine den Blumenkohl mit den restlichen 2 Esslöffeln des Olivenöls zerkleinern, bis eine einheitliche Masse entsteht. Das Blumenkohlpüree auf der Hackfleischmischung verteilen. 70 bis 90 Minuten backen, bis die Ränder braun werden. 10 Minuten abkühlen lassen, dann servieren.

Sesam-Fischstäbchen

ERGIBT 4 PORTIONEN

Gesunde Fischstäbchen mit knusprigem Sesam sind ein toller Snack für Kinder – und können auch Erwachsene mit ihrem raffinierten Geschmack begeistern. Am nächsten Tag können Sie restliche Fischstäbchen mit Sesam-Nudeln (Seite 68) als schnelle, köstliche Mahlzeit servieren.

450 g Wildkabeljaufilet
2 große Eier
1 Tasse Sesam
½ Tasse blanchierte gemahlene Mandeln
1 EL Kokosmehl
½ TL Meersalz
¼ Tasse Olivenöl

Den Kabeljau abspülen und trockentupfen. In 3,5 cm breite Streifen schneiden.

In einer mittelgroßen Schüssel die Eier verquirlen. In einer separaten Schüssel Sesam, gemahlene Mandeln, Kokosmehl und Salz mischen. Jeden Kabeljaustreifen zuerst in die Eier tauchen, dann in der Sesammischung wenden.

2 Esslöffel des Olivenöls in einer großen Pfanne auf mittlerer bis großer Stufe erhitzen. Die Hälfte der Fischstäbchen 3 bis 5 Minuten pro Seite anbraten, bis sie gut gebräunt sind. Die fertigen Fischstäbchen auf einen mit Küchenpapier ausgelegten Teller legen.

Mit dem restlichen Öl und Fisch auf dieselbe Weise verfahren.

Dann servieren.

Lachssalat

ERGIBT 4 PORTIONEN |

Ich habe schon vor Jahren aufgehört, Thunfisch zu essen, als ich entdeckte, dass ich eine Quecksilbervergiftung hatte, denn Thunfisch kann eine große Menge dieses Schwermetalls enthalten. Dieser Lachssalat ist ein wunderbarer Ersatz für Thunfischsalat und wird auf getoasteten, getreidefreien Bagels (Seite 27) serviert. Auch Reste von gekochtem Lachs können gut für dieses Rezept verwendet werden.

450 g Wildlachsfilet ohne Haut
¼ Tasse Paleo-Mayonnaise (Seite 98)
¼ Tasse Dijon-Senf
2 Stangen Sellerie, fein gehackt (ungefähr ½ Tasse)
¼ Tasse gehackter, frischer Dill
1 Frühlingszwiebel, gehackt (ungefähr 1 EL)
½ TL frisch gemahlener schwarzer Pfeffer
¼ TL Meersalz
1 Kopf Römersalat, kreuzweise in 2,5 cm breite Streifen geschnitten (ungefähr 4 Tassen)

Den Backofen auf 200 °C vorheizen.

Den Lachs abspülen und trockentupfen, dann in eine Auflaufform (33 mal 23 Zentimeter) legen und in den Backofen stellen. 15 bis 20 Minuten backen, bis der Lachs gar ist. 10 Minuten abkühlen lassen, dann mit einer Gabel in Stücke reißen.

In einer großen Schüssel Lachsstücke, Mayonnaise und Senf verrühren. Sellerie, Dill, Frühlingszwiebel, Pfeffer und Salz hinzufügen und gut untermischen.

Auf dem Römersalat servieren.

Lachsfilet mit Senf

ERGIBT 4 PORTIONEN |

Meine Freundin Deb, welche die Internetseite „Revive Organizing" betreibt, brachte mir bei, wie man diesen einfachen, aber eleganten gebackenen Lachs zubereitet. Da das Gericht sehr schnell zubereitet ist und immer Eindruck macht, serviert sie es gerne ihren Gästen.

680 g Wildlachsfilet
1 Tasse Dijon-Senf

Den Backofen auf 200 °C vorheizen.
Den Lachs abspülen und trockentupfen, dann mit der Haut nach unten in eine Auflaufform (33 mal 23 Zentimeter) legen.
Den Senf auf den Lachs streichen.
15 bis 20 Minuten backen, bis der Fisch gar ist, dann servieren.

< **Lachsfilet mit Senf und Bitterem Löwenzahngemüse (Seite 57)**

Klassische Lachsfrikadelle

ERGIBT 6 FRIKALELLEN |

Da Lachs reich an Omega-3-Fettsäuren ist, die für ein gesundes Herz sorgen, essen wir diesen Fisch mindestens einmal pro Woche. Ich kaufe Wildlachs, denn Lachs aus Aquakultur wird häufig mit Antibiotikum behandelt, damit er besser wächst, während sein Aussehen durch Farbzusätze verbessert wird. Wie Nutztiere wird auch Lachs aus Aquakultur häufig mit Maismehl, Soja und genetisch veränderten Ölen gefüttert. Dieses Rezept basiert auf einem meiner Favoriten aus der Zeitschrift „Fine Cooking". Der Unterschied? Ich habe die Menge an Kapern, Senf und anderen Zutaten in diesem Gericht erhöht, um den Geschmack des Fisches ein wenig zu überdecken, den meine Söhne nicht so gern mögen.

680 g Wildlachsfilet ohne Haut
4 Frühlingszwiebeln, fein gehackt (ungefähr ¼ Tasse)
¼ Tasse gehackte Kapern
2 EL Dijon-Senf
1 TL Meersalz
1 TL frisch gemahlener schwarzer Pfeffer
2 EL Olivenöl
Dill-Tartarsoße (Seite 98)

Den Lachs abspülen und trockentupfen. In Würfel mit einer Seitenlänge von 6 Millimetern schneiden. In einer Küchenmaschine die Lachswürfel grob hacken.

Den Lachs in eine Schüssel füllen, dann Frühlingszwiebeln, Kapern, Senf, Salz und Pfeffer unterrühren. Mit den Händen aus der Mischung 6 Frikadellen mit einem Durchmesser von ungefähr 8 Zentimetern formen.

Das Olivenöl in einer großen Pfanne auf mittlerer Stufe erhitzen. Die Frikadellen von jeder Seite 3 bis 5 Minuten braten, bis die Ränder goldbraun sind. Die fertigen Frikadellen auf einen mit Küchenpapier ausgelegten Teller legen, dann mit Dill-Tartarsoße servieren.

Griechische Putenfrikadelle

ERGIBT 6 FRIKADELLEN |

Ich war zweimal in Griechenland – einmal als Jugendliche mit meinen Eltern und dann mit meiner Freundin Mary als junge Erwachsene. Beide Male genoss ich die herrlich frischen Aromen der griechischen Speisen, die diese Frikadellen nachzuahmen versuchen.

450 g Bio-Hackfleisch von der Pute
1 mittelgroße Zucchini, geraspelt (ungefähr 1 Tasse)
1 kleine Zwiebel, gehackt (ungefähr ½ Tasse)
½ Tasse gehackte, frische, glatte Petersilie
2 große Eier
3 EL Olivenöl
1 EL getrockneter Oregano
1 EL Spice Hunter Greek Seasoning
1 TL frisch gemahlener schwarzer Pfeffer
½ TL Meersalz

In einer großen Schüssel Hackfleisch, Zucchini, Zwiebel, Petersilie, Eier und 1 Esslöffel des Olivenöls vermischen. Oregano, Gewürzmischung, Pfeffer und Salz hinzufügen, und alles mit den Händen gut durchmengen. Aus der Mischung 6 Frikadellen mit einem Durchmesser von ungefähr 7,5 Zentimetern formen.

Die restlichen 2 Esslöffel Olivenöl in einer großen Pfanne auf mittlerer Stufe erhitzen. Die Frikadellen von jeder Seite 4 bis 6 Minuten braten, bis die Ränder goldbraun sind. Die fertigen Frikadellen auf einen mit Küchenpapier ausgelegten Teller legen, dann servieren.

Schinken-Quiche

ERGIBT 6 PORTIONEN

Diese vielseitige, eiweißreiche Quiche kann mit normalem Schinken oder mit Putenschinken zubereitet werden. Servieren Sie sie zum Abendessen mit einem Salat, der mit meinem eifreien Caesar-Dressing (Seite 97) angemacht ist. Oder beeindrucken Sie Ihre Gäste mit diesem eleganten, aber einfachen Gericht zu einem festlichen Brunch.

450 g Bio-Schinken
8 Frühlingszwiebeln, weiße und grüne Teile, in dünne Scheiben geschnitten (ungefähr 1 Tasse)
8 große Eier
½ TL frisch gemahlener schwarzer Pfeffer
¼ TL Meersalz
1 vorgebackener Frühlingszwiebel-Quicheteig (Seite 114)

Den Backofen auf 180 °C vorheizen.

In einer großen Pfanne den Schinken auf mittlerer bis großer Stufe 4 bis 6 Minuten anbraten, bis er leicht gebräunt ist. Den Schinken aus der Pfanne holen, abkühlen lassen und klein schneiden. Das Fett aus der Pfanne abgießen und entsorgen. Den gehackten Schinken wieder in die Pfanne geben, die Frühlingszwiebeln hinzufügen und 3 Minuten anbraten.

In einer großen Schüssel Eier, Pfeffer und Salz verquirlen. Den Schinken und die Frühlingszwiebeln unterrühren. Dann die Mischung in die mit dem vorgebackenen Quicheteig ausgelegte Form gießen.

Die Quiche 25 bis 30 Minuten backen, bis die Ränder braun werden und alles gar ist. 20 Minuten abkühlen lassen, dann servieren.

< **Schinken-Quiche mit Frühlingszwiebel-Quicheteig (Seite 114)**

Grünes Omelett

ERGIBT 8 PORTIONEN |

Für dieses Omelett werden die Eier langsam gegart, sodass sie eine feine Konsistenz und einen wunderbaren Geschmack erhalten. Bei uns gibt es das Grüne Omelett häufig, wenn es schnell gehen muss, und gerne in Kombination mit der Salsa Verde (Seite 99). Außerdem können Sie es problemlos zu einem Picknick mitnehmen. Siehe Foto auf Seite 38.

1 EL Olivenöl
1 mittelgroße Zwiebel, gehackt (ungefähr 1 Tasse)
1 Kopf Brokkoli, in 7,5 cm große Stücke geschnitten (ungefähr 2 Tassen)
½ Bund Grünkohl, kreuzweise in 6 Millimeter breite Streifen geschnitten (ungefähr 2 Tassen)
10 große Eier, verquirlt
½ TL Meersalz
½ TL frisch gemahlener schwarzer Pfeffer

In einer Pfanne (23 Zentimeter Durchmesser) das Olivenöl auf mittlerer Stufe erhitzen. Die Zwiebel 8 bis 10 Minuten anbraten, bis sie weich und glasig ist. Den Brokkoli hinzufügen und ungefähr 10 Minuten braten, bis er bissfest ist. Grünkohl hinzufügen und ungefähr 3 Minuten braten, bis er in sich zusammenfällt.

Die verquirlten Eier über das Gemüse gießen, dabei die Pfanne drehen, damit sich die Eier gleichmäßig verteilen. Dann salzen und pfeffern. Die Hitze auf niedrige Stufe reduzieren, abdecken und 20 bis 30 Minuten garen, bis die Eier gestockt sind. Das Omelett in 8 Tortenstücke schneiden und servieren.

Mariniertes Flankensteak

ERGIBT 4 PORTIONEN |

Das Flankensteak ist preiswerter als andere Stücke wie ein Ribeye-Steak oder Lende. Sein Fleisch ist mager und fest, sodass es sich recht gut zum Marinieren eignet, wodurch es zarter wird. Achten Sie darauf, es nicht zu stark zu garen, da dieses dünne Steak sonst sehr leicht austrocknet.

1½ Tassen frisch gepresster Orangensaft
¼ Tasse Ume-Essig
1 EL geröstetes Sesamöl
1 EL geschälter und gehackter frischer Ingwer
1 TL frischer Knoblauch, fein gehackt
450 g Bio-Flankensteak

In einer kleinen Schüssel Orangensaft, Essig, Sesamöl, Ingwer und Knoblauch für die Marinade verrühren. Die Marinade in eine Auflaufform (18 mal 28 Zentimeter) gießen, dann das Flankensteak hineinlegen. 4 bis 8 Stunden im Kühlschrank marinieren und nach der Hälfte der Marinierzeit wenden, falls gewünscht. Das Steak aus dem Kühlschrank holen und 15 Minuten ruhen lassen. Eine große Pfanne auf hoher Stufe erhitzen. Das Steak von jeder Seite 2 bis 4 Minuten anbraten, bis ein Fleischthermometer im dicksten Teil des Steaks 55 °C anzeigt beziehungsweise die gewünschte Garstufe erreicht ist. Das Steak 5 bis 10 Minuten ruhen lassen. Gegen die Faser in 1,25 Zentimeter breite Streifen schneiden und servieren.

Asia-Pfanne

ERGIBT 4 PORTIONEN |

Obwohl asiatische Pfannengerichte traditionell in einem Wok zubereitet werden, verwende ich eine Pfanne mit 30 Zentimetern Durchmesser – das funktioniert genauso gut. Entscheidend ist, beim Kochen eine große Oberfläche zu haben, wenn die vielfältigen Gemüsesorten in diesem asiatisch inspirierten Gericht mit Sesamaroma zubereitet werden. Mit Blumenkohl-„Reis" (Seite 60) servieren.

450 g Hähnchenbrust ohne Haut u. Knochen
2 EL Kokosöl
1 mittelgroße Zwiebel, fein gehackt (ca. 1 Tasse)
2 Köpfe Brokkoli, in 7,5 cm lange Stücke geschnitten (ca. 4 Tassen)
2 mittelgroße Karotten, in Scheiben geschnitten (ca. 1 Tasse)
2 Köpfe Baby-Pak Choi, kreuzweise in 2,5 cm breite Streifen geschnitten (ca. 1½ Tassen)
110 g Shiitake-Pilze, ohne Stiele und in dünne Scheiben geschnitten (ca. 1 Tasse)
1 kleine Zucchini, in Scheiben geschnitten (ca. 1 Tasse)
½ TL Meersalz
1½ Tassen Wasser
2 EL Pfeilwurzelmehl
2 EL geröstetes Sesamöl
2 EL Ume-Essig
1 EL Honig

Das Hähnchen abspülen und trockentupfen. In Würfel mit 2,5 Zentimetern Seitenlänge schneiden und auf einen Teller legen. Das Kokosöl in einer großen Pfanne auf mittlerer Stufe erhitzen. Die Zwiebel 8 bis 10 Minuten braten, bis sie weich und glasig ist. Brokkoli, Karotten und Hähnchen hinzufügen und 10 Minuten braten, bis alles fast gar ist. Pak Choi, Pilze, Zucchini und Salz hinzufügen und 5 Minuten braten. 1 Tasse des Wassers angießen, die Pfanne abdecken und alles ungefähr 10 Minuten garen lassen, bis das Gemüse in sich zusammengefallen ist. In einer kleinen Schüssel das Pfeilwurzelmehl in der restlichen ½ Tasse Wasser auflösen und umrühren, bis eine einheitliche Masse entstanden ist. Die Pfeilwurzelmehlmischung in das Gemüse rühren und 2 bis 3 Minuten kochen, bis die Soße eindickt und glatt wird; dabei ständig umrühren. Sesamöl, Essig und Honig unterrühren, dann servieren.

Asia-Pfanne mit Blumenkohl-„Reis“ (Seite 60)

Rindfleisch mit Brokkoli

ERGIBT 4 PORTIONEN |

Ich habe mich auf einer meiner Lieblingsinternetseiten, „Simply Recipes", zu diesem Gericht inspirieren lassen. Einige der dort erläuterten Zubereitungsmethoden habe ich übernommen, doch die Zutaten für dieses Paleo-Gericht habe ich abgewandelt. Servieren Sie es als Eintopf oder zu Blumenkohl-„Reis" (Seite 60).

450 g Bio-Lendensteak
¼ Tasse frisch gepresster Orangensaft
2 EL Ume-Essig
1 EL frischer Knoblauch, fein gehackt
1 EL Pfeilwurzelmehl
2 EL Kokosöl
1 mittelgroße Zwiebel, fein gehackt (ungefähr 1 Tasse)
3 Köpfe Brokkoli in 7,5 cm lange Stücke geschnitten (ungefähr 6 Tassen)

Das Steak gegen die Faser dünn aufschneiden und die Streifen in eine quadratische Auflaufform (20 Zentimeter Seitenlänge) legen. In einer kleinen Schüssel für die Marinade Orangensaft, Essig, Knoblauch und Pfeilwurzelmehl verrühren. Die Marinade über das Steak träufeln und 15 Minuten in den Kühlschrank stellen.

Das Kokosöl in einer großen Pfanne auf mittlerer Stufe erhitzen. Die Zwiebel 8 bis 10 Minuten anbraten, bis sie weich und glasig ist. Während die Zwiebel brät, den Brokkoli 8 bis 10 Minuten dünsten, bis er bissfest ist. Dann aus dem Topf holen und beiseitestellen.

Das Rindfleisch in die Pfanne geben, sodass es eine einzige Schicht bildet. Ungefähr 1 Minute pro Seite anbraten, bis es gar ist.

Den gedünsteten Brokkoli und die Marinade in die Pfanne füllen. Unter ständigem Rühren ungefähr 3 Minuten garen, bis die Soße eindickt und glatt wird. Dann servieren.

Soßen, Aufstriche und Belag

Basilikumcremesoße

ERGIBT 1½ TASSEN | |

Ich esse diese cremige Soße gern mit einer Packung roher Seetangnudeln, einer Vierteltasse gehacktem, frischem Basilikum und einer Vierteltasse gehackter, gerösteter Cashewkerne. Sie können sie auch als Dip für Gemüse oder Fleisch verwenden. In Kombination mit dem Rosmarin-Zitronen-Hähnchen (Seite 80) ergibt sich ein perfektes Mittag- oder Abendessen. Achten Sie darauf, die Kokosmilch frühzeitig in den Kühlschrank zu stellen (siehe Seite 19), wenn Sie diese Soße zubereiten möchten.

1 Tasse Kokosmilch-Fett (von der Oberseite zweier Dosen Kokosmilch abgeschöpft)
1 EL Kokoscreme-Konzentrat oder Kokosfett
1 EL Ume-Essig
1 EL frisch gepresster Limettensaft
½ Tasse grob gehacktes Basilikum
1 TL geschälter und gehackter frischer Ingwer

In einem leistungsstarken Mixer das Fett der Kokosmilch, Kokoscreme-Konzentrat, Essig und Limettensaft pürieren, sodass eine geschmeidige Creme entsteht. Basilikum und Ingwer hinzufügen und mixen, bis eine einheitliche Masse entstanden ist.

Sofort verwenden oder maximal zwei Tage in einem Glasgefäß im Kühlschrank aufbewahren.

Caesar-Dressing

ERGIBT 1½ TASSEN |

Dieses Rezept für ein Caesar-Salatdressing ohne Ei basiert ebenso auf „Bon Appétit" wie die Idee, es zu Grünkohl zu servieren. Grünkohl-Caesarsalat ist inzwischen der Lieblingssalat meiner Familie. Da ist es äußerst praktisch, dass im Sommer in meinem Garten jede Menge Grünkohl wächst, sodass wir dieses Gemüse jeden Abend essen. Natürlich passt dieses Dressing auch wunderbar zu Römersalat oder einem Caesarsalat mit Hähnchenfleisch.

1 Tasse Olivenöl
2 EL frisch gepresster Zitronensaft
2 EL Sardellen
2 EL Dijon-Senf
1 TL frischer Knoblauch, fein gehackt
½ TL Meersalz
½ TL frisch gemahlener schwarzer Pfeffer

In einem leistungsstarken Mixer Olivenöl, Zitronensaft, Sardellen, Senf, Knoblauch, Salz und Pfeffer pürieren, bis eine geschmeidige Mischung entsteht. Sofort verwenden oder maximal drei Tage in einem Glasgefäß im Kühlschrank aufbewahren.

Dill-Tartarsoße

ERGIBT 1 TASSE |

Diese Soße steckt voller sommerlichem Dillgeschmack und passt ausgezeichnet zur Klassischen Lachsfrikadelle (Seite 86).

½ Tasse Paleo-Mayonnaise (siehe nebenstehendes Rezept)
2 Dill-Gewürzgurken, fein gehackt (ungefähr ½ Tasse)
2 EL gehackter frischer Dill
½ TL abgeriebene Zitronenschale
¼ TL Meersalz
¼ TL frisch gemahlener schwarzer Pfeffer

In einer kleinen Schüssel Mayonnaise, Gurken, Dill, Zitronenschale, Salz und Pfeffer verrühren.
Sofort verwenden oder maximal zwei Tage in einem Glasgefäß im Kühlschrank aufbewahren.

Paleo-Mayonnaise

ERGIBT 1 TASSE |

Achten Sie darauf, für die Herstellung dieser Mayonnaise ein sehr mildes natives Olivenöl zu verwenden. Wenn Sie ein Öl mit kräftigerem Geschmack wählen, wird die Mayo bitter. Nachdem ich verschiedene Marken ausprobiert habe, erziele ich nun mit Lapas Organic Extra Virgin Olive Oil die besten Ergebnisse.

1 großes Ei
1 EL Apfelessig
¼ TL Meersalz
1 Tasse Olivenöl

In einem leistungsstarken Mixer Ei, Essig und Salz ungefähr 10 Sekunden cremig rühren. Das Olivenöl in ein Messgefäß mit Ausguss füllen. Während der Mixer läuft, das Olivenöl ganz langsam hineingießen. Weiter rühren, bis die Mischung eindickt und die Konsistenz von Mayonnaise annimmt.
Sofort verwenden oder maximal drei Tage in einem Glasgefäß im Kühlschrank aufbewahren.

Gerösteter Knoblauch

ERGIBT 4 PORTIONEN

Wenn Knoblauch geröstet wird, erhält er ein süßes Aroma. Servieren Sie ihn auf getoastetem Paleo-Brot (Seite 44) oder Knoblauch-Crackern (Seite 53), um Vampire fernzuhalten.

2 Knollen Knoblauch
¼ Tasse Olivenöl
⅛ TL Meersalz

Den Backofen auf 200 °C vorheizen.
Mit einem scharfen Messer von jeder Knoblauchknolle oben ca. 1 Zentimeter abschneiden (die Haut nicht entfernen).
Dann die Knoblauchknollen in eine Auflaufform (mit ½ Liter Fassungsvermögen) setzen. Mit Olivenöl beträufeln und salzen.
Abgedeckt 30 bis 40 Minuten backen, bis der Knoblauch weich ist. Knoblauch 10 Minuten abkühlen lassen, die Zehen häuten, dann auf Brot oder Cracker streichen.

Salsa Verde

ERGIBT 1½ TASSEN

In einem meiner Lieblingsrestaurants („Oak" in Boulder) aß ich zum ersten Mal Salsa Verde. Hier ist meine Version ihres beeindruckend frischen und gesunden Rezepts. Servieren Sie die Soße zu Mariniertem Flankensteak (Seite 91). Siehe Foto auf Seite 38.

1 Tasse Olivenöl
1 Bund glatte Petersilie, grob gehackt (ungefähr 1½ Tassen)
½ Bund Koriander, grob gehackt (ungefähr ¾ Tasse)
2 Zweige Estragon
1 EL abgeriebene Zitronenschale
1 TL Meersalz
1 TL frisch gemahlener schwarzer Pfeffer

In einem leistungsstarken Mixer Olivenöl, Petersilie, Koriander und Estragon pürieren, sodass eine sehr geschmeidige Masse entsteht. Zitronenschale, Salz und Pfeffer unterrühren, bis eine einheitliche Masse entstanden ist. Sofort verwenden oder bis zu 24 Stunden in einem Glasgefäß im Kühlschrank aufbewahren.

Würzige „Erdnuss"-Soße

ERGIBT 1 TASSE |

Diese aromatische, gehaltvolle Soße passt hervorragend zu Pad Thai (Seite 71), Seetangnudeln oder gedünstetem Gemüse. Für meine Version verwende ich Mandelmus statt Erdnussbutter. Sie basiert auf Melissa Joulwans „Sunshine Sauce", die sie auf ihrer Internetseite „Clothes Make the Girl" vorstellt.

2 EL frisch gepresster Limettensaft
1 EL geschälter und gehackter frischer Ingwer
1 TL frischer Knoblauch, fein gehackt
1 TL Ume-Essig
¼ Tasse geröstetes Mandelmus
½ Tasse Kokosmilch

In einem leistungsstarken Mixer Limettensaft, Ingwer, Knoblauch und Essig pürieren, sodass eine sehr geschmeidige Mischung entsteht. Mandelmus und Kokosmilch unterrühren, bis eine einheitliche Masse entstanden ist. Sofort verwenden oder maximal drei Tage in einem Glasgefäß im Kühlschrank aufbewahren.

Veganes Pesto

ERGIBT 2 TASSEN |

Ich serviere dieses Pesto auf Knoblauch-Crackern (Seite 53). Mein jüngerer Sohn löffelt es gerne direkt aus der Schüssel.

1 Tasse gehacktes, frisches Basilikum
½ Tasse Pinienkerne
½ Tasse Walnüsse
¼ Tasse Olivenöl
1 TL frischer Knoblauch, fein gehackt
½ TL frisch gemahlener schwarzer Pfeffer
¼ TL Meersalz

Das Basilikum in einer Schüssel beiseitestellen.

In einer Pfanne auf mittlerer Stufe die Pinienkerne und Walnüsse 10 Minuten rösten, bis sie goldbraun sind. Die Kerne und Nüsse auf ein Schneidbrett geben und mit dem Boden eines Glasgefäßes vorsichtig grob zerkleinern.

Kerne und Nüsse zum Basilikum in die Schüssel füllen. Olivenöl, Knoblauch, Pfeffer und Salz hinzufügen und verrühren, bis eine einheitliche Masse entstanden ist, dann servieren.

Senf-Dressing

ERGIBT EINE 3/4 TASSE |

Meine Jungs sind keine großen Gemüseesser. Ich wende deshalb gern den Trick an, das selbstgemachte Salatdressing möglichst häufig zu wechseln, damit es abwechslungsreich bleibt. Servieren Sie diese Salatsoße zu rohem Grünkohl, Römersalat oder gemischtem Salat. Sie können sie auch als Marinade für Fisch oder Hähnchen verwenden.

½ Tasse Olivenöl
2 EL Apfelessig
2 EL Dijon-Senf
6 Tropfen Stevia

In einem leistungsstarken Mixer Olivenöl, Essig, Senf und Stevia verrühren, bis eine einheitliche Mischung entsteht.
Sofort verwenden oder maximal drei Tage in einem Glasgefäß im Kühlschrank aufbewahren.

Sesam-Dressing

ERGIBT 2 TASSEN |

Tahin (Sesampaste) wird aus calciumreichem Sesam hergestellt. Deshalb versuche ich, meinen Kindern dieses tolle Lebensmittel so oft wie möglich aufzutischen. Verwenden Sie dieses Dressing zum Bunten Wintersalat (Seite 58) oder servieren Sie es als Dip mit Gemüsestreifen, wenn Ihnen der Sinn nach einem gesunden Nachmittagsimbiss steht. Sie können diese Soße auch über Grünkohl, Römersalat oder gemischtem Salat genießen.
Siehe Foto auf Seite 59.

½ Tasse geröstete Sesampaste
½ Tasse Wasser
¼ Tasse frisch gepresster Zitronensaft
2 EL Olivenöl
1 TL Meersalz

In einem leistungsstarken Mixer Sesampaste, Wasser, Zitronensaft, Olivenöl und Salz verrühren, bis eine sehr geschmeidige Mischung entsteht. Sofort verwenden oder maximal drei Tage in einem Glasgefäß im Kühlschrank aufbewahren.

Kirsch-Heidelbeer-Soße

ERGIBT 4 TASSEN | SÜSSEGRAD: MITTEL | |

Bereiten Sie diese Soße im Voraus zu, damit sie eindicken kann. Dann servieren Sie sie mit Paleo-Pfannkuchen (Seite 41) oder Crêpes (Seite 31). Da dieses Rezept ohne Zuckerzusatz auskommt, ist es die gesunde Version des klebrig süßen Smucker's-Sirup, den ich als Kind so gerne mochte.

1 (280 g) Beutel gefrorene Kirschen
1 (230 g) Beutel gefrorene Heidelbeeren
1 Tasse Apfelsaft
⅛ TL Stevia
1 EL Pfeilwurzelmehl
¼ Tasse Wasser

In einem Topf auf mittlerer Stufe Kirschen, Heidelbeeren, Apfelsaft und Stevia zum Kochen bringen. Die Hitze reduzieren und ungefähr 10 Minuten köcheln lassen, bis das Obst weich ist.

In einer kleinen Schüssel das Pfeilwurzelmehl im Wasser auflösen und umrühren, bis eine einheitliche Masse entstanden ist. Die Hitzezufuhr erhöhen, die Pfeilwurzelmehlmischung zu den Früchten geben und unter ständigem Rühren ungefähr 1 Minute kochen, bis die Mischung eindickt und glatt wird. Vor dem Servieren 10 Minuten abkühlen und eindicken lassen. Sofort verwenden oder maximal drei Tage in einem Glasgefäß im Kühlschrank aufbewahren.

Kokosschlagsahne

ERGIBT 1 TASSE | SÜSSEGRAD: GERING |

Diese Schlagsahne kommt ohne Milchprodukte aus; stattdessen wird vollfette Kokosmilch aus der Dose verwendet. Durch das Fett wird diese Sahne so schön cremig und köstlich. Mit fettreduzierter Kokosmilch funktioniert das Rezept nicht, da dann nur eine wässerige Masse entsteht. Servieren Sie diese Kokossahne zu den Apfeltörtchen im Glas (Seite 112 f.) oder zum Pfirsich-Kirsch-Auflauf (Seite 110).

1 Dose (370 g) Kokosmilch von Thai Kitchen
1 EL Honig
1 TL Vanilleextrakt
5 Tropfen Vanillestevia
1 Prise Meersalz

Vor der Zubereitung der Kokosschlagsahne die Dose Kokosmilch mindestens 24 Stunden in den Kühlschrank stellen, damit sie gut durchgekühlt ist.
Eine Metallschüssel 15 Minuten im Kühlschrank kühlen.
Die Kokosmilchdose aus dem Kühlschrank holen und den Deckel entfernen. Vorsichtig das Kokosfett abschöpfen und in die gekühlte Schüssel geben.
Die restliche Flüssigkeit in ein Glasgefäß gießen und für eine andere Verwendung im Kühlschrank aufbewahren.
Mit einem Handrührgerät das Kokosmilchfett ungefähr 1 Minute aufschlagen, bis es leicht und luftig ist. Honig, Vanilleextrakt, Stevia und Salz unterrühren.
Sofort verwenden oder bis zu 24 Stunden in einem Glasgefäß im Kühlschrank aufbewahren.

Erdbeer-Apfelmus

ERGIBT 6 PORTIONEN | SÜSSEGRAD: MITTEL |

Jedes Jahr im Herbst, wenn der Baum in unserem Hinterhof voller Früchte hängt, haben meine Söhne und ich Spaß daran, die Äpfel zu ernten, zu schälen, zu entkernen, zu zerkleinern und Apfelmus zu kochen. Zu besonderen Anlässen serviere ich es als Beilage zum Abendessen.

6 mittelgroße Äpfel, geschält, entkernt und gehackt
2 Tassen frische Erdbeeren, entstielt und halbiert
¾ Tasse Apfelsaft
1 EL frisch gepresster Zitronensaft
1 EL Vanilleextrakt
1 TL Zimtpulver

Den Backofen auf 180 °C vorheizen.

Äpfel, Erdbeeren, Apfelsaft, Zitronensaft, Vanilleextrakt und Zimt in eine Auflaufform mit Deckel (2 Liter Fassungsvermögen) füllen.

Abgedeckt 60 bis 90 Minuten backen, bis die Äpfel weich sind. 1 Stunde abkühlen lassen, dann mit einem Kartoffelstampfer zerdrücken und servieren.

Torten, Backwaren und Teig

Kokoscremetorte

ERGIBT 12 PORTIONEN | SÜSSEGRAD: GERING |

Schon seit Jahren bereite ich rohe Kokoscremetorten zu. Dadurch, dass man die Kokosnüsse erst öffnen und dann das Fleisch herauslösen muss, ist das recht aufwendig. Doch Katie, die in ihrem Blog „Chocolate-Covered Katie" über Desserts schreibt, brachte mich auf die Idee, Zucchini für die Füllung zu verwenden und dadurch die benötigte Menge an Kokosnuss und infolgedessen auch die Arbeitszeit zu reduzieren. Ein weiteres Plus: Ihr cremiges Dessert, das an Mousse erinnert, enthält ein gesundes Gemüse. Zum Öffnen einer Kokosnuss legen Sie diese auf die Seite. Verwenden Sie ein scharfes, schweres Hackmesser, um die oberste Spitze der Kokosnuss abzuschneiden. So kommen Sie oben an das weiße Fleisch heran. Schneiden Sie mit dem Messer in das Fleisch und gießen Sie das Kokoswasser in eine Tasse. Legen Sie die Kokosnuss dann wieder auf die Seite und hacken Sie sie in zwei Hälften. Sobald die Kokosnuss offen ist, verwenden Sie einen Löffel, um das weiße Kokosfleisch herauszuholen.

1½ Tassen frisches, junges Kokosnussfleisch, von 2 bis 3 Kokosnüssen
1 kleine Zucchini, geschält und gehackt (ungefähr 1 Tasse)
¾ Tasse Kokosöl, bei Zimmertemperatur
¼ Tasse frisches Kokoswasser
¼ Tasse Kokoszucker
1 TL Vanilleextrakt
1/8 TL Vanillestevia
1/8 TL Meersalz
1 Portion Kokos-Macadamia-Teig (siehe folgendes Rezept)

In einem leistungsstarken Mixer Kokosnussfleisch, Zucchini, Kokosöl, Kokoswasser und Kokoszucker pürieren, sodass eine sehr geschmeidige Mischung entsteht. Vanilleextrakt, Stevia und Salz unterrühren, bis eine einheitliche Masse entstanden ist. Die Mischung in die mit dem Teig ausgelegte Form füllen. Ungefähr 3 Stunden in den Kühlschrank stellen, bis die Masse fest geworden ist, dann servieren.

Kokos-Macadamia-Teig

ERGIBT TEIG FÜR EINE FORM MIT 23 ZENTIMETERN DURCHMESSER |

Verwenden Sie diesen ungebackenen Teig als köstlich-knusprige Basis für die Kokoscremetorte (siehe vorangegangenes Rezept) oder füllen Sie ihn mit einer selbst kreierten Schokoladenmischung.

1 Tasse Macadamianüsse
1 Tasse ungesüßte Kokosraspeln
1/8 TL Meersalz
1 EL Kokosöl, bei Zimmertemperatur
1 TL Wasser

In einer Küchenmaschine Macadamianüsse, Kokosraspeln und Salz zerkleinern. Kokosöl und Wasser hinzufügen und verrühren, bis der Teig eine Kugel bildet. Den Teig gleichmäßig auf dem Boden und an den Rändern einer Springform mit 23 Zentimetern Durchmesser verteilen. Vor dem Füllen 30 Minuten kaltstellen.

Pfirsich-Kirsch-Auflauf

ERGIBT 6 PORTIONEN | SÜSSEGRAD: MITTEL

Pfirsiche und Kirschen mit natürlicher Süße dienen zusammen als unglaublich aromatische Füllung für diesen nussigen Auflauf mit Mandelkruste.

FÜR DIE FÜLLUNG
2 Beutel (à 280 g) gefrorene Pfirsiche
1 Beutel (280 g) gefrorene Kirschen
1 EL Pfeilwurzelmehl
1 EL Vanilleextrakt

FÜR DEN BELAG
1 Tasse blanchierte gemahlene Mandeln
¼ TL Backnatron
¼ TL Meersalz
2 EL Kokosöl, auf Zimmertemperatur
2 EL Honig
1 Tasse Mandelblättchen

Den Backofen auf 180 °C vorheizen.
Für die Füllung Pfirsiche, Kirschen, Pfeilwurzelmehl und Vanilleextrakt in eine große Schüssel füllen und vermengen. Die Mischung in eine runde Auflaufform mit Deckel (2 Liter Fassungsvermögen) füllen.
Abgedeckt 30 bis 40 Minuten backen, bis die Früchte einen Teil ihrer Flüssigkeit abgegeben haben und die Mischung ein wenig eingedickt ist.
Für den Belag gemahlene Mandeln, Backnatron und Salz in einer Küchenmaschine verrühren. Kokosöl und Honig hinzufügen und verrühren, bis ein Teig entsteht. Die Schneide aus der Küchenmaschine entfernen und die Mandelblättchen mit den Händen in den Teig einarbeiten.
Den Belag über das Obst krümeln.
Den Auflauf abdecken.
Weitere 25 bis 35 Minuten backen, bis der Belag goldbraun ist und der Saft Blasen wirft. Den Deckel entfernen und ohne Abdeckung weitere 5 bis 10 Minuten backen. 20 Minuten abkühlen lassen, dann warm servieren.

Erdbeer-Rhabarber-Auflauf mit Kokosdecke

ERGIBT 6 PORTIONEN | SÜSSEGRAD: GERING |

Rhabarber und frische Erdbeeren sind eine klassische Kombination, doch durch den knusprig-goldenen Kokosbelag wird diese nur leicht gesüßte Leckerei zu etwas ganz Besonderem.

FÜR DIE FÜLLUNG

6 Stangen Rhabarber, in 3 Millimeter dicke Stücke geschnitten (ungefähr 1½ Tassen)
900 g frische Erdbeeren, entstielt
2 EL Pfeilwurzelmehl
¼ Tasse frisch gepresster Orangensaft

FÜR DEN BELAG

1 Tasse ungesüßte Kokosraspeln
¼ Tasse gelbe gemahlene Leinsamen
2 EL Kokosmehl
½ TL Meersalz
¼ Tasse Kokosöl, auf Zimmertemperatur
2 EL Honig

Den Backofen auf 180 °C vorheizen.

Für die Füllung Rhabarber und Erdbeeren in eine runde Auflaufform mit Deckel (2 Liter Fassungsvermögen) geben. In einer kleinen Schüssel das Pfeilwurzelmehl im Orangensaft auflösen und umrühren, bis eine einheitliche Masse entstanden ist. Die Pfeilwurzelmehlmischung unter das Obst rühren.

Für den Belag Kokosraspeln, Leinsamen, Kokosmehl und Salz in einer Küchenmaschine mixen. Kokosöl und Honig hinzufügen und verrühren, bis ein Teig entsteht. Den Belag über die Früchte krümeln. Die Auflaufform abdecken.

30 bis 40 Minuten backen, bis der Fruchtsaft Blasen wirft. Den Deckel entfernen und ohne Abdeckung weitere 5 bis 10 Minuten backen. Den Auflauf 15 Minuten abkühlen lassen, dann warm servieren.

Apfeltörtchen im Glas

ERGIBT 8 PORTIONEN | SÜSSEGRAD: MITTEL |

Verwenden Sie für diesen Nachtisch Äpfel der Sorten Honeycrisp oder Braeburn und servieren Sie ihn mit Kokosschlagsahne (Seite 104). Meine Freundin Shirley, die den Blog „Gluten Free Easily" schreibt, zeigte mir, wie man diese Törtchen mit Teigdecke macht.

FÜR DIE TEIGHAUBE

2 Tassen blanchierte gemahlene Mandeln
½ TL Meersalz
¼ Tasse Kokosöl, auf Zimmertemperatur
¼ TL Vanillestevia

FÜR DIE FÜLLUNG

6 große Äpfel, geschält, entkernt und in 6 Millimeter dicke Scheiben geschnitten
1 Tasse Apfelsaft
1 EL frisch gepresster Zitronensaft
2 EL Pfeilwurzelmehl
1 EL Zimtpulver

Den Backofen auf 180 °C vorheizen. Acht Einweckgläser mit großer Öffnung und einem Fassungsvermögen von einer Tasse auf ein großes Backblech stellen.

Für den Teig gemahlene Mandeln und Salz in einer Küchenmaschine mischen.

Kokosöl und Stevia hinzufügen und verrühren, bis eine Teigkugel entsteht. Den Teig auf ein Stück Backpapier legen und 20 Minuten ins Gefrierfach legen.

Für die Füllung Äpfel, Apfelsaft, Zitronensaft, Pfeilwurzelmehl und Zimt in eine große Schüssel füllen und verrühren.

Die Mischung in die Einweckgläser füllen, sodass jedes übervoll ist. Den restlichen Saft, der sich unten in der Schüssel abgesetzt hat, auf die Einweckgläser aufteilen.

Den Teig aus dem Gefrierfach holen und zwischen 2 Lagen Backpapier legen, die großzügig mit gemahlenen Mandeln bestäubt sind. Dann den Teig 6 Millimeter dick ausrollen. Die obere Lage Backpapier entfernen. Mit der Öffnung eines Einweckglases 8 Teigkreise ausstechen und jeweils einen Kreis oben auf die mit Apfelmasse gefüllten Einweckgläser legen.

40 bis 50 Minuten backen, bis der Saft Blasen wirft und die Teighaube goldbraun wird. Die Törtchen direkt aus dem Ofen heiß servieren.

< **Apfeltörtchen im Glas mit Kokosschlagsahne**

Frühlingszwiebel-Quicheteig

ERGIBT TEIG FÜR EINE FORM MIT 23 ZENTIMETERN DURCHMESSER

Verwenden Sie diesen köstlichen und einfachen Teig für meine Schinken-Quiche (Seite 89) oder zaubern Sie Ihre eigene Quiche-Füllung mit grünem Gemüse und Eiern. Siehe Foto auf Seite 88.

1¼ Tassen blanchierte gemahlene Mandeln
½ TL Meersalz
1 großes Ei
¼ Tasse Kokosfett
1 Frühlingszwiebel, gehackt (ungefähr 1 EL)

Den Backofen auf 180 °C vorheizen.

In einer Küchenmaschine gemahlene Mandeln und Salz mischen. Ei und Kokosfett unterrühren, dann die Frühlingszwiebel hinzufügen und verrühren, bis eine Teigkugel entsteht. Den Teig gleichmäßig auf dem Boden und an den Rändern einer Springform mit 23 Zentimetern Durchmesser verteilen.

6 bis 8 Minuten backen, bis der Teig goldbraun ist. Dann aus dem Backofen holen und vor dem Füllen vollständig auskühlen lassen.

Eis

Kaffeeeis

ERGIBT 4 PORTIONEN | SÜSSEGRAD: MITTEL |

Eine gehaltvolle, cremige Basis wird mit dem verführerischen Aroma von geröstetem Kaffee gepaart und begeistert Kinder und Erwachsene gleichermaßen. Meine Freundin Kelly, welche die Internetseite „Spunky Coconut" betreibt, schrieb mein absolutes Lieblingsbuch über Eiscreme. Dieses Rezept ist eine Abwandlung einer ihrer Ideen aus dem Buch „The Spunky Coconut Dairy-Free Ice Cream".

1/3 Tasse entkoffeinierte Bio-Kaffeebohnen, sehr fein gemahlen
1 Tasse kochendes Wasser
1/3 Tasse Hanfsamen
1 Dose (370 g) Kokosmilch
2 EL Kokosöl, bei Zimmertemperatur
1/3 Tasse Honig
¼ TL Vanillestevia

Das gemahlene Kaffeepulver in ein Einweckglas füllen und mit dem kochenden Wasser aufgießen. 15 Minuten stehen lassen, dann den Kaffee in ein sauberes Einweckglas gießen und das Kaffeepulver wegwerfen. Das Glas mit dem Kaffee 10 Minuten zum Abkühlen ins Gefrierfach stellen.

In einem leistungsstarken Mixer die Hanfsamen und den Kaffee pürieren, sodass eine sehr geschmeidige Mischung entsteht. Kokosmilch, Kokosöl, Honig und Stevia unterrühren, bis eine einheitliche Masse entstanden ist.

Die Mischung in eine Eismaschine füllen und gemäß der Anleitung des Geräteherstellers ins Gefrierfach stellen.

Sofort servieren.

Etwaige Eisreste schmelzen lassen und bis zu 2 Tagen im Kühlschrank aufbewahren, bevor sie wieder mithilfe der Eismaschine gefroren werden.

Pfefferminzeis mit Schokostückchen

ERGIBT 4 PORTIONEN | SÜSSEGRAD: MITTEL |

In meinem immerwährenden Bemühen, die Zuckermenge, die ich zu mir nehme, zu reduzieren, habe ich diese minzige Eiscreme mit dunklen Schokostückchen entwickelt. Dafür verwende ich etwas mehr Stevia und etwas weniger Honig als in meinen anderen Rezepten.

1 Dose (370 g) Kokosmilch
1/3 Tasse Hanfsamen
1/3 Tasse Wasser
¼ Tasse Honig
1½ TL Pfefferminzextrakt
¼ TL Vanillestevia
¼ Tasse Bitterschokolade in Stückchen

In einem leistungsstarken Mixer Kokosmilch, Hanfsamen und Wasser pürieren, sodass eine sehr geschmeidige Masse entsteht. Honig, Pfefferminzextrakt und Stevia unterrühren, dann die Schokoladenstücken hinzufügen, und mixen, bis diese zu sehr kleinen Stückchen zerhackt ist. Die Mischung in eine Eismaschine füllen und gemäß der Anleitung des Geräteherstellers ins Gefrierfach stellen.
Sofort servieren.
Etwaige Eisreste schmelzen lassen und maximal 2 Tage im Kühlschrank aufbewahren, bevor sie wieder mithilfe der Eismaschine gefroren werden.

„Erdnussbutter"-Eis

ERGIBT 4 PORTIONEN | SÜSSEGRAD: MITTEL |

In diesem Rezept verwende ich Sonnenblumenkernbutter, da ich keine Erdnüsse esse (eine häufig von Schimmel befallene und hoch allergene Hülsenfrucht). Ich mag ihren intensiven, nussigen Geschmack und vermisse Erdnüsse überhaupt nicht. Die wenigen, natürlichen und gehaltvollen Zutaten machen Zucker und Sahne vollkommen entbehrlich.

1 Dose (370 g) Kokosmilch
1 EL Kokosöl, auf Zimmertemperatur
¼ Tasse Honig
¼ Tasse Sonnenblumenkernbutter
¼ TL Vanillestevia
⅛ TL Meersalz

In einem leistungsstarken Mixer Kokosmilch und Kokosöl pürieren, sodass eine sehr geschmeidige Masse entsteht. Honig, Sonnenblumenkernbutter, Stevia und Salz unterrühren, bis eine einheitliche Masse entstanden ist.

Die Mischung in eine Eismaschine füllen und gemäß der Anleitung des Geräteherstellers ins Gefrierfach stellen.

Sofort servieren.

Etwaige Eisreste schmelzen lassen und maximal 2 Tage im Kühlschrank aufbewahren, bevor sie wieder mithilfe der Eismaschine gefroren werden.

Schokoladensorbet (Seite 120), Vanilleeis mit Keksstückchen (Seite 121) und „Erdnussbutter"-Eis >

Schokoladensorbet

ERGIBT 4 PORTIONEN | SÜSSEGRAD: MITTEL |

Noch nie hat ein milchfreies Sorbet so intensiv und cremig geschmeckt. Es wird mit gehaltvoller Bitterschokolade und ein wenig Süßungsmittel hergestellt. Wunderbar dekadent! Siehe Foto auf Seite 119.

¼ Tasse Honig
2 Tassen Wasser
1 Tasse Bitterschokolade in Stückchen
⅛ TL Vanillestevia

In einem Topf auf mittlerer Stufe den Honig im Wasser auflösen. Den Topf vom Herd nehmen und Schokoladenstücke sowie Stevia unterrühren, bis alles vollständig geschmolzen ist. Die Mischung in einen Hochleistungsmixer füllen und pürieren, bis eine geschmeidige Masse entsteht.

Die Mischung in eine Eismaschine füllen und gemäß der Anleitung des Geräteherstellers ins Gefrierfach stellen.

Sofort servieren.

Etwaige Eisreste schmelzen lassen und maximal 2 Tage im Kühlschrank aufbewahren, bevor sie wieder mithilfe der Eismaschine gefroren werden.

Vanilleeis mit Keksstückchen

ERGIBT 4 PORTIONEN | SÜSSEGRAD: HOCH

Vanilleeis ohne Sahne herzustellen, ist eine der größten Herausforderungen für all jene, die Eiscreme ohne Milchprodukte produzieren wollen. Dieses Rezept wurde immer wieder überarbeitet und verfeinert: Sie werden vom cremigen Vanillearoma und den knackigen Schokoladenstückchen im Keksteig begeistert sein! Siehe Foto auf Seite 119.

1 Dose (370 g) Kokosmilch
¼ Tasse Hanfsamen
¼ Tasse Honig
3 EL Kokosöl, auf Zimmertemperatur
2 EL Wasser
1 EL Vanilleextrakt
⅛ TL Vanillestevia
⅛ TL Meersalz
1 Vanilleschote
½ Tasse Teig des Rezepts Paleo-Schokoladenplätzchen (Seite 130)

In einem leistungsstarken Mixer Kokosmilch, Hanfsamen, Honig, Kokosöl und Wasser pürieren, sodass eine sehr geschmeidige Mischung entsteht. Vanilleextrakt, Stevia und Salz unterrühren, bis eine einheitliche Masse entstanden ist. Die Vanilleschote der Länge nach aufschneiden, das Mark herauskratzen und in den Mixer geben. Kurz verrühren.

Die Mischung in eine Eismaschine füllen und gemäß der Anleitung des Geräteherstellers ins Gefrierfach stellen. Wenn das Eis fast fertig ist, kleine Stückchen des Keksteigs in die Eismaschine streuen, dann das Eis weiter verarbeiten lassen. Sofort servieren.

Etwaige Eisreste schmelzen lassen und maximal 2 Tage im Kühlschrank aufbewahren, bevor sie wieder mithilfe der Eismaschine gefroren werden.

Limetteneis

ERGIBT 4 PORTIONEN | SÜSSEGRAD: MITTEL |

Meine Jungs lieben Limettentorte, und dieses Limetteneis gehört ebenfalls zu ihren Lieblingsleckereien. Fügen Sie einen Esslöffel abgeriebene Limettenschale hinzu, um das Zitrusaroma zu verstärken und der Eiscreme schöne, grüne Farbtupfen zu verleihen.

1 Dose (370 g) Kokosmilch
2 EL Hanfsamen
½ Tasse frisch gepresster Limettensaft
¼ Tasse Honig
2 EL Kokosöl, auf Zimmertemperatur
¼ TL Vanillestevia

In einem leistungsstarken Mixer Kokosmilch und Hanfsamen pürieren, sodass eine geschmeidige Mischung entsteht.
Limettensaft, Honig, Kokosöl und Stevia unterrühren, bis eine einheitliche Masse entstanden ist.
Die Mischung in eine Eismaschine füllen und gemäß der Anleitung des Geräteherstellers ins Gefrierfach stellen.
Sofort servieren.
Etwaige Eisreste schmelzen lassen und maximal 2 Tage im Kühlschrank aufbewahren, bevor sie wieder mithilfe der Eismaschine gefroren werden.

Plätzchen und Riegel

Schoko-Pfefferminz-Kekse

ERGIBT 24 KEKSE | SÜSSEGRAD: HOCH

Servieren Sie diese minzigen, doppelt schokoladigen und glutenfreien Plätzchen mit wärmendem Würzigem Chai (Seite 132). Sie können die Kekse auch verwenden, um Eis-Sandwichs mit Pfefferminzgeschmack zu zaubern.

2¼ Tassen blanchierte gemahlene Mandeln
¼ Tasse ungesüßtes Kakaopulver
½ TL Backnatron
¼ TL Meersalz
½ Tasse Kokosfett
⅓ Tasse Honig
1 TL Pfefferminzextrakt
¾ Tasse Bitterschokolade in Stückchen

Den Backofen auf 180 °C vorheizen. Zwei große Backbleche mit Backpapier auslegen.

In einer Küchenmaschine gemahlene Mandeln, Kakaopulver, Backnatron und Salz mischen. Kokosfett, Honig und Pfefferminzextrakt hinzufügen und verrühren, bis der Teig eine Kugel bildet. Die Schneide aus der Küchenmaschine entfernen und die Schokoladenstückchen unterrühren. Jeweils 1 Esslöffel des Teigs auf die vorbereiteten Backbleche geben und mit der Handfläche flach drücken. Zwischen den einzelnen Keksen 5 Zentimeter Abstand lassen.

5 bis 7 Minuten backen, bis die Oberseite trocken aussieht und beginnt, Risse zu bekommen. Die Kekse auf den Backblechen 20 Minuten auskühlen lassen, dann warm servieren.

Zimt-Rosinen-Kekse

ERGIBT 14 KEKSE | SÜSSEGRAD: MITTEL

Manchmal vermisse ich große, kräftig schmeckende Haferkekse. Bei diesen zugleich saftigen und knusprigen Plätzchen mit den weichen Rosinen, dem würzigen Zimt und den nussigen gemahlenen Leinsamen würden Sie niemals vermuten, dass sie ganz ohne Getreide gebacken sind.

¾ Tasse blanchierte gemahlene Mandeln
¾ Tasse gelbe gemahlene Leinsamen
1 EL Zimtpulver
½ TL gemahlener Piment
½ TL Meersalz
¼ TL Backnatron
⅓ Tasse Kokosfett
¼ Tasse Honig
¼ Tasse Rosinen

Den Backofen auf 180 °C vorheizen. Zwei große Backbleche mit Backpapier auslegen.

In einer Küchenmaschine gemahlene Mandeln, gemahlene Leinsamen, Zimt, Piment, Salz und Backnatron vermischen. Kokosfett und Honig hinzufügen und verrühren, bis der Teig eine Kugel bildet.

Die Schneide aus der Küchenmaschine entfernen und die Rosinen unterrühren.

Jeweils 1 Esslöffel des Teigs auf die vorbereiteten Backbleche geben und mit der Handfläche flach drücken. Zwischen den einzelnen Keksen 5 Zentimeter Abstand lassen.

7 bis 10 Minuten backen, bis sie goldbraun werden. Die Kekse auf den Backblechen 20 Minuten auskühlen lassen, dann warm servieren.

Kokos-Knusperriegel

ERGIBT 32 RIEGEL | SÜSSEGRAD: MITTEL |

Diese süße Leckerei kann auch als tolles Frühstück oder perfekter Imbiss nach der Schule dienen. Da die Kokos-Knusperriegel sehr gehaltvoll sind, macht schon eine kleine Portion ziemlich lange satt.

1½ Tassen Macadamianüsse
¼ Tasse gelbe gemahlene Leinsamen
¼ Tasse ungesüßte Kokosraspeln
¼ TL Meersalz
½ Tasse Kokosöl, bei Zimmertemperatur
½ Tasse Medjool-Datteln, entsteint und gehackt
¼ Tasse Macadamiabutter

In einer Küchenmaschine Macadamianüsse, gemahlene Leinsamen, Kokosraspeln und Salz fein mahlen. Kokosöl, Datteln und Macadamiabutter hinzufügen und verrühren, bis eine einheitliche Masse entstanden ist. Die Mischung in eine quadratische Auflaufform (Seitenlänge 20 Zentimeter) füllen und festdrücken. Im Kühlschrank ungefähr 1 Stunde kühlen. Dann herausholen, in 16 Quadrate schneiden und diese jeweils diagonal halbieren, sodass Dreiecke entstehen. Dann servieren.

Abgedeckt im Kühlschrank maximal 3 Tage aufbewahren.

Limettenriegel

ERGIBT 12 RIEGEL | SÜSSEGRAD: HOCH

Die erfrischenden Limettenriegel bringen in jede Jahreszeit ein wenig Sonnenschein. Sie sind eine perfekte Köstlichkeit für all jene, die Schokoladenleckereien verschmähen.

FÜR DEN TEIG

1½ Tassen blanchierte gemahlene Mandeln
¼ TL Meersalz
2 EL Kokosöl, auf sehr niedriger Stufe geschmolzen
⅛ TL Vanillestevia

FÜR DEN BELAG

½ Tasse frisch gepresster Limettensaft
3 große Eier
¼ Tasse Kokosöl, bei Zimmertemperatur
¼ Tasse Honig

Den Backofen auf 180 °C vorheizen. Eine quadratische Auflaufform (Seitenlänge 20 Zentimeter) mit Kokosöl einfetten und mit gemahlenen Mandeln bestäuben.
Für den Teig gemahlene Mandeln und Salz in einer Küchenmaschine mischen. Kokosöl und Stevia unterrühren, bis eine einheitliche Masse entstanden ist.
Den Teig auf dem Boden der Auflaufform verteilen und festdrücken. Den Teigboden 12 bis 17 Minuten backen, bis er goldbraun ist. Während der Teig gebacken wird, den Belag vorbereiten. In einem leistungsstarken Mixer Limettensaft, Eier, Kokosöl und Honig pürieren, bis eine geschmeidige Masse entsteht. Sobald der Teigboden fertig gebacken ist, die Form aus dem Backofen holen. Den Belag auf dem heißen Teigboden verteilen.
Die Auflaufform wieder in den Backofen stellen und 18 bis 22 Minuten backen, bis der Belag goldbraun wird. Nach dem Backen in der Form 30 Minuten auskühlen lassen, dann 2 Stunden in den Kühlschrank stellen, damit alles fest wird.
In 12 Quadrate schneiden und servieren. Abgedeckt im Kühlschrank maximal 2 Tage aufbewahren.

Brownies ohne Mehl und Nüsse

ERGIBT 16 BROWNIES | SÜSSEGRAD: HOCH |

Endlich ein gehaltvoller Brownie ohne Gluten, Milchprodukte und Nüsse, der quasi im Mund schmilzt! Servieren Sie ihn mit einem Löffel „Erdnussbutter"-Eis (Seite 118) – ein einfach himmlisches Geschmackserlebnis!

1 Tasse Bitterschokolade in Stückchen
¼ Tasse Kokosfett
1 Tasse Kokoszucker
4 große Eier
1 EL Vanilleextrakt

Den Backofen auf 180 °C vorheizen. Eine quadratische Auflaufform (Seitenlänge 20 Zentimeter) mit Kokosfett einfetten.
In einem mittelgroßen Topf auf sehr kleiner Stufe die Schokoladenstückchen schmelzen, bis eine einheitliche Soße entsteht. Den Topf vom Herd nehmen, dann das Kokosfett und den Kokoszucker unterrühren. Eier und Vanilleextrakt hinzufügen und rühren, bis eine einheitliche Masse entstanden ist. Den Teig in die vorbereitete Auflaufform füllen.
20 bis 25 Minuten backen, bis an einem Zahnstocher, den man in die Mitte eines Brownies steckt, nur noch wenige feuchte Krümel kleben bleiben.
Die Brownies in der Auflaufform 1 Stunde abkühlen lassen. Dann in 16 Quadrate schneiden und servieren.

Paleo-Schokoladenplätzchen

ERGIBT 24 KEKSE | SÜSSEGRAD: MITTEL

Für dieses Rezept benötigen Sie eine Küchenmaschine, denn mit einem Handrührgerät lassen sich die Zutaten nicht richtig mixen. Doch das Ergebnis sind perfekte Paleo-Plätzchen! Für sommerliches Vergnügen können Sie diese Plätzchen mit der Vanillecreme meines Rezepts Vanilleeis mit Keksstückchen (Seite 121) füllen, wenn Sie Eis-Sandwiches servieren wollen.

2 Tassen blanchierte gemahlene Mandeln
½ TL Backnatron
¼ TL Meersalz
¼ Tasse Kokosfett
¼ Tasse Honig
1 EL Vanilleextrakt
½ Tasse Bitterschokolade in Stückchen

Den Backofen auf 180 °C vorheizen. Zwei große Backbleche mit Backpapier auslegen.

In einer Küchenmaschine gemahlene Mandeln, Backnatron und Salz mischen. Kokosfett, Honig und Vanilleextrakt hinzufügen und verrühren, bis eine einheitliche Masse entstanden ist.

Die Schneide aus der Küchenmaschine entfernen und die Schokoladenstückchen unterrühren. Jeweils 1 Esslöffel des Teigs auf die vorbereiteten Backbleche geben und mit der Handfläche flach drücken. Zwischen den einzelnen Keksen 5 Zentimeter Abstand lassen.

6 bis 9 Minuten backen, bis sie goldbraun werden. Die Kekse auf den Backblechen 20 Minuten auskühlen lassen, dann warm servieren.

Getränke

Würziger Chai

ERGIBT 4 PORTIONEN | |

Das Wort „Chai" heißt einfach „Tee", doch in vielen Familien gibt es ein besonderes Rezept, das von einer Generation zur nächsten weitergegeben wird. Fertig gekaufte Chai-Teebeutel, die eine Mischung gemahlener Gewürze enthalten, büßen rasch ihre Frische ein. Deshalb stelle ich meine eigene, aromatische Chai-Mischung aus wunderbaren Gewürzen her. Wenn Sie mögen, können Sie dieses Getränk mit Kokosmilch und Stevia servieren.

6 Tassen Wasser
3 EL geschälter und gehackter frischer Ingwer
3 Zimtstangen
3 Kardamomkapseln
3 Gewürznelken
3 Pfefferkörner
1 EL loser Pfefferminztee

In einem Topf auf mittlerer Stufe Wasser und Ingwer zum Kochen bringen.
Die Hitze reduzieren, Zimt, Kardamom, Gewürznelken, Pfefferkörner und Pfefferminztee hinzufügen und 10 Minuten köcheln lassen.
Den Chai durch ein feinmaschiges Sieb in vier Tassen gießen und servieren.

Löwenzahnwurzelkaffee

ERGIBT 4 PORTIONEN | |

Köstlich bitterer Löwenzahnwurzelkaffee ist ein wunderbarer, koffeinfreier Ersatz für traditionellen Kaffee und reinigt überdies hervorragend die Leber. Ich kaufe meine gerösteten Löwenzahnwurzeln und Zichorienwurzeln im Internet bei Starwest Botanicals über Amazon.com, da es schwierig sein kann, sie im Laden zu bekommen. Wenn die Wurzeln, die Sie kaufen, noch nicht fein gemahlen sind, sollten Sie dafür eine Kaffeemühle verwenden.

6 Tassen Wasser
2 EL fein gemahlene, geröstete Löwenzahnwurzel
2 EL fein gemahlene, geröstete Zichorienwurzel
2 Zimtstangen

In einem Topf auf mittlerer Stufe Wasser Löwenzahnwurzel, Zichorienwurzel und Zimtstangen erhitzen und zum Kochen bringen. Die Hitze reduzieren und 10 Minuten köcheln lassen.

Die Mischung durch ein feinmaschiges Sieb in vier Tassen gießen und servieren.

Leinsamentee

ERGIBT 1 PORTION | |

Leinsamen sind reich an Omega-3-Fettsäuren und enthalten viele gute Ballaststoffe. Ich habe übrigens im Eigenversuch herausgefunden, dass der tägliche Genuss dieses wohltuenden Getränks über einen Zeitraum von sieben Wochen den Gesamtcholesterinwert um 30 Punkte senkte. (Ich liebe es, mein eigenes Versuchskaninchen zu sein.) Außerdem bin ich der Ansicht, dass Leinsamentee die Verdauung fördert.

1 EL braune gemahlene Leinsamen
1½ Tassen kochendes Wasser

Die gemahlenen Leinsamen in eine große Tasse füllen und mit dem kochenden Wasser aufgießen.

Zum Eindicken 10 Minuten stehen lassen, dann servieren.

Ingwerlimonade

ERGIBT 4 PORTIONEN | |

Ingwer wirkt entzündungshemmend und hat überdies antibakterielle und antivirale Eigenschaften. Wenn es im kalten Winter im Hals kratzt, ist eine ordentliche Dosis des Würzigen Chai (Seite 132) angesagt, während Erkältungssymptome im Sommer besser mit der Schärfe des Ingwers in diesem süßen und erfrischenden Getränk bekämpft werden.

2 Tassen Eiswürfel
3 EL geschälter und gehackter frischer Ingwer
¼ TL Stevia
1 Tasse Wasser
950 ml kohlensäurehaltiges Mineralwasser
Zitronenspalten, zum Garnieren

In vier Tassen jeweils ½ Tasse der Eiswürfel füllen. Beiseitestellen.

In einem leistungsstarken Mixer Ingwer, Stevia und Wasser pürieren, bis eine einheitliche Mischung entsteht. Durch ein feinmaschiges Sieb gießen und das Fruchtfleisch wegwerfen. ¼ Tasse der Ingwermischung in jedes Glas gießen, mit kohlensäurehaltigem Mineralwasser auffüllen und umrühren.

Jedes Glas mit einer Zitronenspalte garnieren und servieren.

Alkoholfreier Mojito

ERGIBT 4 PORTIONEN | |

Aufgrund der mangelnden Nährstoffe trinke ich keinen Alkohol mehr. Doch ausgefallene Cocktails liebe ich trotzdem. Hier kommt eine gesunde Variante eines meiner Lieblingscocktails. Besonders festlich wird dieses säuerliche Getränk, wenn Sie es mit einer Limettenscheibe und Pfefferminzblättern garnieren.

2 Tassen Eiswürfel
½ Tasse grob gehackte, frische Pfefferminzblätter
3 Limetten, geschält
⅛ TL Stevia
1 Tasse Wasser
950 ml kohlensäurehaltiges Mineralwasser
Limettenscheiben, zum Garnieren
Pfefferminzblätter, zum Garnieren

In vier Tassen jeweils ½ Tasse der Eiswürfel füllen. Beiseitestellen.
In einem leistungsstarken Mixer Minze, Limetten, Stevia und Wasser pürieren, bis eine geschmeidige Mischung entsteht. Durch ein feinmaschiges Sieb gießen und das Fruchtfleisch wegwerfen. ¼ Tasse der Mojitomischung in jedes Glas gießen, mit kohlensäurehaltigem Mineralwasser auffüllen und umrühren. Jedes Glas mit einer Limettenscheibe und Pfefferminzblättern garnieren und servieren.

Erdbeer-Basilikum-Limonade

ERGIBT 4 PORTIONEN | |

Möglicherweise haben Sie die wunderbare Kombination von Erdbeeren und Basilikum bereits in einem Salat probiert – jetzt können Sie sie auch trinken! Meine Kinder lieben lustige, ausgefallene Getränke, doch sie ahnen nicht, dass jene, die ich ihnen serviere, voller supergesunder Mikronährstoffe stecken. Für dieses sommerliche Getränk können Sie Ihre üppige Basilikumernte plündern.

2 Tassen Eiswürfel
1 Tasse frische Erdbeeren, entstielt und halbiert, plus weitere zum Garnieren
½ Tasse grob gehacktes, frisches Basilikum
¼ TL Stevia
1 Tasse Wasser
950 ml kohlensäurehaltiges Mineralwasser

In vier Tassen jeweils ½ Tasse der Eiswürfel füllen. Beiseitestellen.

In einem leistungsstarken Mixer Erdbeeren, Basilikum, Stevia und Wasser pürieren, bis eine geschmeidige Mischung entsteht. Durch ein feinmaschiges Sieb gießen und das Fruchtfleisch wegwerfen.

¼ Tasse der Ingwermischung in jedes Glas gießen, mit kohlensäurehaltigem Mineralwasser auffüllen und umrühren.

Jedes Glas mit einer Erdbeere garnieren und servieren.

Mandelmilch

ERGIBT 4 TASSEN |

Mandelmilch ist von Natur aus süß und cremig und eine hervorragende Alternative zu Kuhmilch. Ich liebe sie zum Gewürzknuspermüsli (Seite 37) und im Löwenzahnwurzelkaffee (Seite 133).

2 Tassen rohe Mandeln
1 Vanilleschote
4 Tassen Wasser

Eine große Schüssel mit Wasser füllen. Darin die Mandeln mit der Vanilleschote über Nacht einweichen.
Durch ein feinmaschiges Sieb abgießen, Mandeln und Vanilleschote gründlich abspülen. Das Einweichwasser wegschütten. In einem leistungsstarken Mixer Mandeln, Vanilleschote und die 4 Tassen Wasser pürieren, bis eine geschmeidige Mischung entsteht.
Durch ein Mulltuch abgießen, die festen Bestandteile wegwerfen.
In einem Glasgefäß im Kühlschrank maximal 2 Tage haltbar.

UMRECHNUNGSTABELLEN

Volumen

USA	Großbritannien	Metrisches System
1 EL	½ Flüssigunze (fl oz)	15 ml
2 EL	1 Flüssigunze	30 ml
¼ Tasse	2 Flüssigunzen	60 ml
1/3 Tasse	3 Flüssigunzen	90 ml
½ Tasse	4 Flüssigunzen	120 ml
2/3 Tasse	5 Flüssigunzen (¼ Pint)	150 ml
3/4 Tasse	6 Flüssigunzen	180 ml
1 Tasse	8 Flüssigunzen (1/3 Pint)	240 ml
1¼ Tassen	10 Flüssigunzen (½ Pint)	300 ml
2 Tassen	(1 Pint) 16 Flüssigunzen (2/3 Pint)	480 ml
2½ Tassen	20 Flüssigunzen (1 Pint)	600 ml
1 Quart	32 Flüssigunzen (12/3 Pints)	1 l

Längenangaben

USA/ Großbritannien	Metrisches System
¼ Zoll (Inch)	6 mm
½ Zoll	1,25 cm
3/4 Zoll	2 cm
1 Zoll	2,5 cm
6 Zoll (½ Fuß)	15 cm
12 Zoll (1 Fuß)	30 cm

Temperatur

Fahrenheit	Celsius/Gasofen-Stufe
250 °F	120 °C/Gasofen-Stufe 1/2
275 °F	135 °C/Gasofen-Stufe 1
300 °F	150 °C/Gasofen-Stufe 2
325 °F	160 °C/Gasofen-Stufe 3
350 °F	180 oder 175 °C/Gasofen-Stufe 4
375 °F	190 °C/Gasofen-Stufe 5
400 °F	200 °C/Gasofen-Stufe 6
425 °F	220 °C/Gasofen-Stufe 7
450 °F	230 °C/Gasofen-Stufe 8
475 °F	245 °C/Gasofen-Stufe 9
500 °F	260 °C

Gewicht

USA/ Großbritannien	Metrisches System
½ Unze (oz)	15 g
1 Unze	30 g
2 Unzen	60 g
¼ Pound (lb)	115 g
1/3 Pound	150 g
½ Pound	225 g
3/4 Pound	350 g
1 Pound	450 g

Index

Rezeptverzeichnis

368 Seiten,
broschiert, vierfarbig, mit vielen Abbildungen
24,99 [D] / 25,75 [A]
ISBN: 978-3-86470-175-7

Danielle Walker:
Paleo-Küche für Genießer

Das Gourmet-Kochbuch zum Megatrend Paleo: innovative, leckere und gesunde Küche. Danielles Rezepte sind kreativ und leicht nachzukochen – zahlreiche Fans schwören darauf. Dabei hat sie ihre Lieblingsgerichte aus der „Vor-Paleo-Zeit“ nicht vergessen, sondern neu interpretiert – und dabei Getreide, Gluten, Milch und Ei weggelassen.

BOOKS 4 SUCCESS

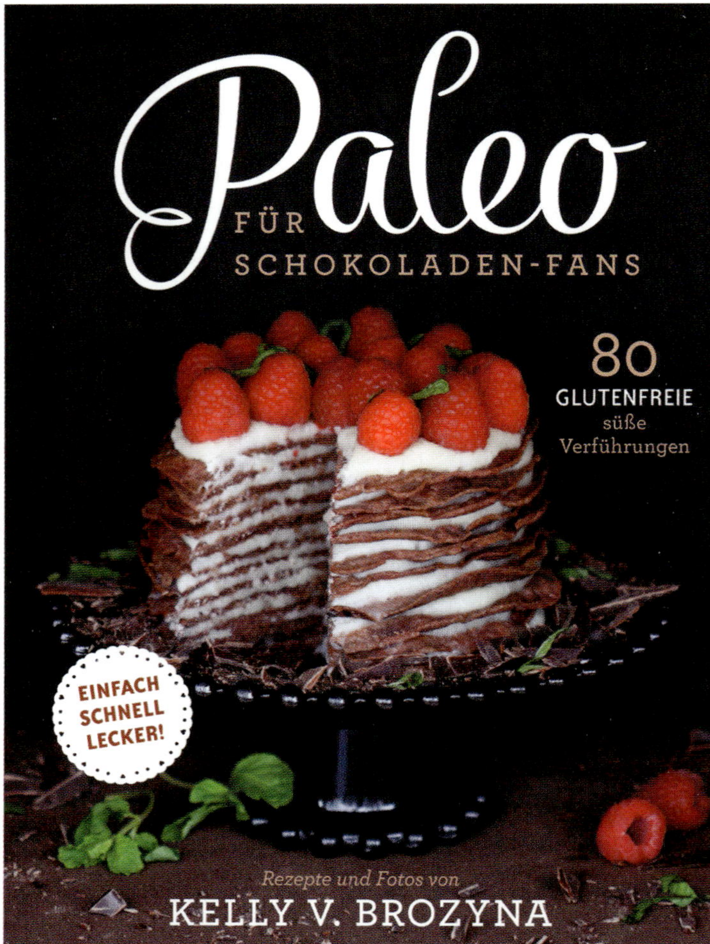

224 Seiten,
broschiert, vierfarbig, mit vielen Abbildungen
19,99 [D] / 20,59 [A]
ISBN: 978-3-86470-208-2

Kelly V. Brozyna:
Paleo für Schokoladen-Fans

„Steinzeitkost“ in Süß: Dieses Buch bietet einfache, schnelle und leckere Paleo-Rezepte rund ums Thema Schokolade. Dank Eigenschaften wie „glutenfrei“ und „lactosefrei“ freuen sich auch Allergiker über unbeschwerten Genuss. Ob Pudding, Brownies, Smoothies oder Spareribs im Schokomantel – genießen Sie Süßes mit gutem Gewissen!

BOOKS4SUCCESS

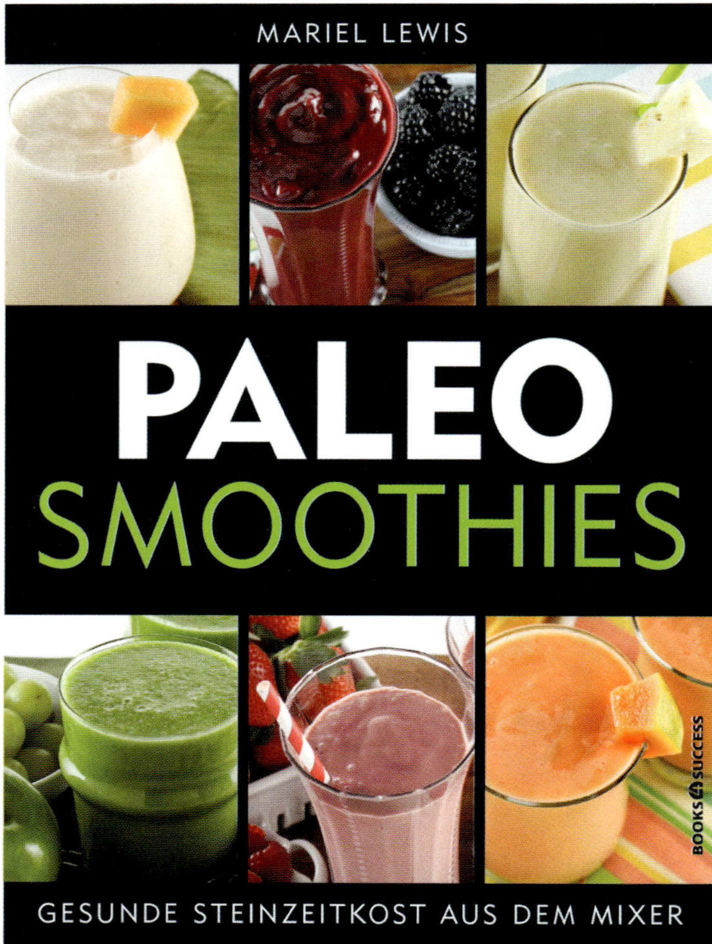

240 Seiten,
broschiert, vierfarbig, mit vielen Abbildungen
17,99 [D] / 18,55 [A]
ISBN: 978-3-86470-239-6

Mariel Lewis:
Paleo Smoothies

Die Paleo-Ernährung findet immer mehr Anhänger – und Smoothies werden gerne getrunken. Paleo Smoothies verknüpft das Steinzeit-Prinzip mit den köstlichen Mix-Getränken: Obst, Gemüse, Nüsse und Gewürze gehen eine „urgesunde“ Verbindung ein. Die Rezepte aus Paleo Smoothies bieten alle Vorteile der Vitaminbomben aus dem Mixer und kommen dennoch ohne Gluten, Milch oder raffinierten Zucker aus. Paleo-Expertin Mariel Lewis hat 150 Paleo-Smoothies zusammengetragen, die schnell und einfach zubereitet werden. Alles, was Sie dazu benötigen, ist: frische Zutaten, ein Mixer und Paleo Smoothies.

288 Seiten,
gebunden,
19,90 [D] / 20,59 [A]
ISBN: 978-3-86470-000-2

Arthur De Vany:
Die Steinzeit-Diät

Faul = dick. Doch warum gilt diese Gleichung? Die Antwort gibt Arthur De Vany in diesem spannenden Buch. Er zeigt, wie unsere Gene uns einen Streich spielen. Wir sind von alters her programmiert auf Jagen, Sammeln und Flüchten, verbringen aber unsere Zeit mit Fast Food, Fernsehen und Faulenzen. Keine Frage – das macht dick. Doch De Vany zeigt einen Ausweg.

BOOKS4SUCCESS

272 Seiten,
broschiert,
19,90 [D] / 20,50 [A]
ISBN: 978-3-86470-136-8

Harley Pasternak:
Die Pasternak-Diät

Personal Trainer und Bestsellerautor Harley Pasternaks Leitfaden für ein schlankeres, gesünderes und glücklicheres Leben – ohne Jo-Jo-Effekt. Die 5-Tage-Blitzdiät beinhaltet leckere, raffinierte Smoothies, Dips, Snacks und Suppen. Anschließend kombinieren Sie zehn Tage lang Ihre bevorzugten Nahrungsmittel neu – und schon purzeln die Pfunde.

BOOKS4SUCCESS